DEUTSCHE KLASSIKER

Bibliothek der literarischen Meisterwerke

Novalis
1772–1801
Das einzige
authentische Porträt
des Autors
(um 1799) von einem
unbekannten Maler

DEUTSCHE KLASSIKER

Novalis

Heinrich von Ofterdingen

Die Lehrlinge zu Saïs

Einmalige Sonderausgabe der
Manfred-Pawlak-Taschenbuch-VerlagsgesellschaftmbH,
Herrsching
nach dem Wortlaut des 1. Bandes der von
Hans-Joachim Mähl und Richard Samuel
herausgegebenen Ausgabe
Novalis
WERKE, TAGEBÜCHER UND BRIEFE
Friedrich von Hardenbergs
1978

Umschlaggestaltung: Bine Cordes
unter Verwendung eines Gemäldes
von Caspar David Friedrich

Gesamtherstellung: Elsnerdruck GmbH, Berlin
Printed in Germany
ISBN: 3-8224-1171-X

INHALT

HEINRICH VON OFTERDINGEN

Ein nachgelassener Roman
von Novalis

Zwei Theile

ZUEIGNUNG.

Du hast in mir den edeln Trieb erregt
  Tief ins Gemüth der weiten Welt zu schauen;
  Mit deiner Hand ergriff mich ein Vertrauen,
  Das sicher mich durch alle Stürme trägt.

Mit Ahndungen hast du das Kind gepflegt,
  Und zogst mit ihm durch fabelhafte Auen;
  Hast, als das Urbild zartgesinnter Frauen,
  Des Jünglings Herz zum höchsten Schwung bewegt.

Was fesselt mich an irdische Beschwerden?
  Ist nicht mein Herz und Leben ewig Dein?
  Und schirmt mich Deine Liebe nicht auf Erden?

Ich darf für Dich der edlen Kunst mich weihn;
  Denn Du, Geliebte, willst die Muse werden,
  Und stiller Schutzgeist meiner Dichtung seyn.

In ewigen Verwandlungen begrüßt
  Uns des Gesangs geheime Macht hienieden,
  Dort segnet sie das Land als ew'ger Frieden,
  Indeß sie hier als Jugend uns umfließt.

Sie ist's, die Licht in unsre Augen gießt,
  Die uns den Sinn für jede Kunst beschieden,
  Und die das Herz der Frohen und der Müden
  In trunkner Andacht wunderbar genießt.

An ihrem vollen Busen trank ich Leben;
  Ich ward durch sie zu allem, was ich bin,
  Und durfte froh mein Angesicht erheben.

Noch schlummerte mein allerhöchster Sinn;
  Da sah ich sie als Engel zu mir schweben,
  Und flog, erwacht, in ihrem Arm dahin.

ERSTER THEIL

Die Erwartung

Erstes Kapitel

Die Eltern lagen schon und schliefen, die Wanduhr schlug ihren einförmigen Takt, vor den klappernden Fenstern sauste der Wind; abwechselnd wurde die Stube hell von dem Schimmer des Mondes. Der Jüngling lag unruhig auf seinem Lager, und gedachte des Fremden und seiner Erzählungen. Nicht die Schätze sind es, die ein so unaussprechliches Verlangen in mir geweckt haben, sagte er zu sich selbst; fern ab liegt mir alle Habsucht: aber die blaue Blume sehn' ich mich zu erblicken. Sie liegt mir unaufhörlich im Sinn, und ich kann nichts anders dichten und denken. So ist mir noch nie zu Muthe gewesen: es ist, als hätt' ich vorhin geträumt, oder ich wäre in eine andere Welt hinübergeschlummert; denn in der Welt, in der ich sonst lebte, wer hätte da sich um Blumen bekümmert, und gar von einer so seltsamen Leidenschaft für eine Blume hab' ich damals nie gehört. Wo eigentlich nur der Fremde herkam? Keiner von uns hat je einen ähnlichen Menschen gesehn; doch weiß ich nicht, warum nur ich von seinen Reden so ergriffen worden bin; die Andern haben ja das Nämliche gehört, und Keinem ist so etwas begegnet. Daß ich auch nicht einmal von meinem wunderlichen Zustande reden kann! Es ist mir oft so entzückend wohl, und nur dann, wenn ich die Blume nicht recht gegenwärtig habe, befällt mich so ein tiefes, inniges Treiben: das kann und wird Keiner verstehn. Ich glaubte, ich wäre wahnsinnig, wenn ich nicht so klar und hell sähe und dächte, mir ist seitdem alles viel bekannter. Ich hörte einst von alten Zeiten reden; wie da die Thiere und Bäume und Felsen mit den Menschen gesprochen hätten. Mir ist gerade so, als wollten sie allaugenblicklich anfangen, und als könnte ich es ihnen ansehen, was sie mir sagen wollten. Es muß noch viel Worte geben, die ich nicht weiß: wüßte ich mehr, so könnte ich viel besser alles begreifen. Sonst tanzte ich gern; jezt denke ich lieber nach der Musik. Der Jüngling verlohr sich allmählich in süßen Fantasien und entschlummerte. Da träumte ihm erst von unabsehlichen Fernen, und wilden, unbekannten Gegenden. Er wanderte über Meere mit unbegreiflicher Leichtigkeit; wunderliche Thiere sah er; er lebte mit mannichfaltigen Menschen, bald im Kriege, in wildem Getümmel, in stillen Hütten. Er gerieth in Gefangenschaft und die schmählichste Noth. Alle Empfindungen stiegen bis zu einer niegekannten Höhe in ihm. Er durchlebte ein unendlich buntes Leben; starb und kam wieder, liebte bis zur höchsten Leidenschaft, und war dann wieder auf ewig von seiner Geliebten getrennt. Endlich gegen Morgen, wie draußen die Dämmerung anbrach, wurde es stiller in seiner Seele, klarer und bleibender wurden die Bilder. Es kam ihm vor, als ginge er in einem dunkeln Walde allein. Nur selten schimmerte der Tag durch das grüne Netz. Bald kam er vor eine Felsenschlucht, die bergan stieg. Er mußte über bemooste Steine klettern, die ein ehemaliger Strom herunter gerissen hatte. Je höher er kam, desto lichter wurde der Wald. Endlich gelangte er zu einer kleinen Wiese, die am Hange des Berges lag. Hinter der Wiese erhob sich eine hohe Klippe, an deren Fuß er eine Oefnung erblickte, die der Anfang eines in den Felsen gehauenen Ganges zu seyn schien. Der Gang führte ihn gemächlich eine Zeitlang eben fort, bis zu einer großen Weitung, aus der ihm schon von fern ein helles Licht entgegen glänzte. Wie er hineintrat, ward er einen mächtigen Strahl gewahr, der wie aus einem Springquell bis an die Decke des Gewölbes stieg, und oben in unzählige Funken zerstäubte, die sich unten in einem großen Becken sammelten; der Strahl glänzte wie entzündetes Gold; nicht das mindeste Geräusch war zu hören, eine heilige Stille umgab das herrliche Schauspiel. Er näherte sich dem Becken, das mit unendlichen Farben wogte und zitterte. Die Wände der Höhle waren mit dieser Flüssigkeit überzogen, die nicht heiß, sondern kühl war, und an den Wänden nur ein mattes, bläuliches Licht von sich warf. Er tauchte seine Hand in das Becken und benetzte seine Lippen. Es war, als durchdränge ihn ein geistiger Hauch, und er fühlte sich innigst gestärkt und erfrischt. Ein unwiderstehliches Verlangen ergriff ihn sich zu baden, er entkleidete sich und stieg in das Becken. Es dünkte ihn, als umflösse ihn eine Wolke des Abendroths; eine himmlische Empfindung überströmte sein Inneres; mit inniger Wollust strebten unzählbare Gedanken in ihm sich zu vermischen; neue, niegesehene Bilder entstanden, die auch in einander flossen und zu sichtbaren Wesen um ihn wurden, und jede Welle des lieblichen Elements schmiegte sich wie ein zarter Busen an ihn. Die Flut schien eine Auflösung reizender Mädchen, die an dem Jünglinge sich augenblicklich verkörperten.

Berauscht von Entzücken und doch jedes Eindrucks bewußt, schwamm er gemach dem leuchtenden Strome nach, der aus dem Becken in den Felsen hineinfloß. Eine Art von süßem Schlummer befiel ihn, in welchem er unbeschreibliche Begebenheiten träumte, und woraus ihn eine andere Erleuchtung weckte. Er fand sich auf einem weichen Rasen am Rande einer Quelle, die in die Luft hinausquoll und sich darin zu verzehren schien. Dunkelblaue Felsen mit bunten Adern erhoben sich in einiger Entfernung; das Tageslicht das ihn umgab, war heller und milder als das gewöhnliche, der Himmel war schwarzblau und völlig rein. Was ihn aber mit voller Macht anzog, war eine hohe lichtblaue Blume, die zunächst an der Quelle stand, und ihn mit ihren breiten, glänzenden Blättern berührte. Rund um sie her standen unzählige Blumen von allen Farben, und der köstlichste Geruch erfüllte die Luft. Er sah nichts als die blaue Blume, und betrachtete sie lange mit unnennbarer Zärtlichkeit. Endlich wollte er sich ihr nähern, als sie auf einmal sich zu bewegen und zu verändern anfing; die Blätter wurden glänzender und schmiegten sich an den wachsenden Stengel, die Blume neigte sich nach ihm zu, und die Blüthenblätter zeigten einen blauen ausgebreiteten Kragen, in welchem ein zartes Gesicht schwebte. Sein süßes Staunen wuchs mit der sonderbaren Verwandlung, als ihn plötzlich die Stimme seiner Mutter weckte, und er sich in der elterlichen Stube fand, die schon die Morgensonne vergoldete. Er war zu entzückt, um unwillig über diese Störung zu seyn; vielmehr bot er seiner Mutter freundlich guten Morgen und erwiederte ihre herzliche Umarmung.

Du Langschläfer, sagte der Vater, wie lange sitze ich schon hier, und feile. Ich habe deinetwegen nichts hämmern dürfen; die Mutter wollte den lieben Sohn schlafen lassen. Aufs Frühstück habe ich auch warten müssen. Klüglich hast du den Lehrstand erwählt, für den wir wachen und arbeiten. Indeß ein tüchtiger Gelehrter, wie ich mir habe sagen lassen, muß auch Nächte zu Hülfe nehmen, um die großen Werke der weisen Vorfahren zu studiren. Lieber Vater, antwortete Heinrich, werdet nicht unwillig über meinen langen Schlaf, den ihr sonst nicht an mir gewohnt seid. Ich schlief erst spät ein, und habe viele unruhige Träume gehabt, bis zuletzt ein anmuthiger Traum mir erschien, den ich lange nicht vergessen werde, und von dem mich dünkt, als sey es mehr als bloßer Traum gewesen. Lieber Heinrich, sprach die Mutter, du hast dich gewiß auf den Rücken gelegt, oder beim Abendsegen fremde Gedanken gehabt. Du siehst auch noch ganz wunderlich aus. Iß und trink, daß du munter wirst.

Die Mutter ging hinaus, der Vater arbeitete emsig fort und sagte: Träume sind Schäume, mögen auch die hochgelahrten Herren davon denken, was sie wollen, und du thust wohl, wenn du dein Gemüth von dergleichen unnützen und schädlichen Betrachtungen abwendest. Die Zeiten sind nicht mehr, wo zu den Träumen göttliche Gesichte sich gesellten, und wir können und werden es nicht begreifen, wie es jenen auserwählten Männern, von denen die Bibel erzählt, zu Muthe gewesen ist. Damals muß es eine andere Beschaffenheit mit den Träumen gehabt haben, so wie mit den menschlichen Dingen.

In dem Alter der Welt, wo wir leben, findet der unmittelbare Verkehr mit dem Himmel nicht mehr Statt. Die alten Geschichten und Schriften sind jetzt die einzigen Quellen, durch die uns eine Kenntniß von der überirdischen Welt, so weit wir sie nöthig haben, zu Theil wird; und statt jener ausdrücklichen Offenbarungen redet jetzt der heilige Geist mittelbar durch den Verstand kluger und wohlgesinnter Männer und durch die Lebensweise und die Schicksale frommer Menschen zu uns. Unsre heutigen Wunderbilder haben mich nie sonderlich erbaut, und ich habe nie jene großen Thaten geglaubt, die unsre Geistlichen davon erzählen. Indeß mag sich daran erbauen, wer will, und ich hüte mich wohl jemanden in seinem Vertrauen irre zu machen. – Aber, lieber Vater, aus welchem Grunde seyd Ihr so den Träumen entgegen, deren seltsame Verwandlungen und leichte zarte Natur doch unser Nachdenken gewißlich rege machen müssen? Ist nicht jeder, auch der verworrenste Traum, eine sonderliche Erscheinung, die auch ohne noch an göttliche Schikkung dabey zu denken, ein bedeutsamer Riß in den geheimnißvollen Vorhang ist, der mit tausend Falten in unser Inneres hereinfällt? In den weisesten Büchern findet man unzählige Traumgeschichten von glaubhaften Menschen, und erinnert Euch nur noch des Traums, den uns neulich der ehrwürdige Hofkaplan erzählte, und der Euch selbst so merkwürdig vorkam.

Aber, auch ohne diese Geschichten, wenn Ihr zuerst in Eurem Leben einen Traum hättet, wie würdet Ihr nicht erstaunen, und Euch die Wunderbarkeit dieser uns nur alltäglich gewordenen Begebenheit gewiß nicht abstreiten lassen! Mich dünkt der Traum eine Schutzwehr gegen die Regelmäßigkeit und Gewöhnlichkeit des Lebens, eine freye Erholung der gebundenen Fantasie, wo sie alle Bilder des Lebens durcheinanderwirft, und die beständige Ernsthaftigkeit des erwachsenen Menschen durch ein fröhliches Kinderspiel unterbricht. Ohne die Träume würden wir gewiß früher alt, und so kann man den Traum, wenn auch nicht als unmittelbar von oben gegeben, doch als eine göttliche Mitgabe, einen freundlichen Begleiter auf der Wallfahrt zum heiligen Grabe betrachten. Gewiß ist der Traum, den ich heute Nacht träumte, kein unwirksamer Zufall in meinem Leben gewesen, denn ich fühle es, daß er in meine Seele wie ein weites Rad hineingreift, und sie in mächtigem Schwunge forttreibt.

Der Vater lächelte freundlich und sagte, indem er die Mutter, die eben hereintrat, ansah: Mutter, Heinrich kann die Stunde nicht verläugnen, durch die er in der Welt ist. In seinen Reden kocht der feurige wälsche Wein, den ich damals von Rom mitgebracht hatte, und der unsern Hochzeitabend verherrlichte. Damals war ich auch noch ein andrer Kerl. Die südliche Luft hatte mich aufgethaut, von Muth und Lust floß ich über, und du warst auch ein heißes köstliches Mädchen. Bey Deinem Vater gings damals herrlich zu; Spielleute und Sänger waren weit und breit herzugekommen, und lange war in *Augsburg* keine lustigere Hochzeit gefeyert worden.

Ihr spracht vorhin von Träumen, sagte die Mutter, weißt du wohl, daß du mir damals auch von einem Traume erzähltest, den du in Rom gehabt hattest, und der dich zuerst auf den Gedanken gebracht, zu uns nach Augsburg zu kommen, und um mich zu werben? Du erinnerst mich eben zur rechten Zeit, sagte der Alte; ich habe diesen seltsamen Traum ganz vergessen, der mich damals lange genug beschäftigte; aber eben er ist mir ein Beweis dessen, was ich von den Träumen gesagt habe. Es ist unmöglich einen geordneteren und helleren zu haben; noch jetzt entsinne ich mich jedes Umstandes ganz genau; und doch, was hat er bedeutet? Daß ich von dir träumte, und mich bald darauf von Sehnsucht ergriffen fühlte, dich zu besitzen, war ganz natürlich: denn ich kannte dich schon. Dein freundliches holdes Wesen hatte mich gleich anfangs lebhaft gerührt, und nur die Lust nach der Fremde hielt damals meinen Wunsch nach deinem Besitz noch zurück. Um die Zeit des Traums war meine Neugierde schon ziemlich gestillt, und nun konnte die Neigung leichter durchdringen.

Erzählt uns doch jenen seltsamen Traum, sagte der Sohn. Ich war eines Abends, fing der Vater an, umhergestreift. Der Himmel war rein, und der Mond bekleidete die alten Säulen und Mauern mit seinem bleichen schauerlichen Lichte. Meine Gesellen gingen den Mädchen nach, und mich trieb das Heimweh und die Liebe ins Freye. Endlich ward ich durstig und ging ins erste beste Landhaus hinein, um einen Trunk Wein oder Milch zu fordern. Ein alter Mann kam heraus, der mich wohl für einen verdächtigen Besuch halten mochte. Ich trug ihm mein Anliegen vor; und als er erfuhr, daß ich ein Ausländer und ein Deutscher sey, lud er mich freundlich in die Stube und brachte eine Flasche Wein. Er hieß mich niedersetzen, und fragte mich nach meinem Gewerbe. Die Stube war voll Bücher und Alterthümer. Wir geriethen in ein weitläuftiges Gespräch; er erzählte mir viel von alten Zeiten, von Mahlern, Bildhauern und Dichtern. Noch nie hatte ich so davon reden hören. Es war mir, als sey ich in einer neuen Welt ans Land gestiegen. Er wies mir Siegelsteine und andre alte Kunstarbeiten; dann las er mir mit lebendigem Feuer herrliche Gedichte vor, und so vergieng die Zeit, wie ein Augenblick. Noch jetzt heitert mein Herz sich auf, wenn ich mich des bunten Gewühls der wunderlichen Gedanken und Empfindungen erinnere, die mich in dieser Nacht erfüllten. In den heidnischen Zeiten war er wie zu Hause, und sehnte sich mit unglaublicher Inbrunst in dies graue Alterthum zurück. Endlich wies er mir eine Kammer an, wo ich den Rest der Nacht zubringen könnte, weil es schon zu spät sey, um noch zurückzukehren. Ich schlief bald, und da dünkte michs ich sey in meiner Vaterstadt und wanderte aus dem Thore. Es war, als müßte ich irgend wohin gehn, um etwas zu bestellen, doch wußte ich nicht wohin, und was ich verrichten solle. Ich ging nach dem Harze mit überaus schnellen Schritten, und wohl war mir, als sey es zur Hochzeit. Ich hielt mich nicht auf dem Wege, sondern immer feldein durch Thal und Wald, und bald kam ich an einen hohen Berg. Als ich oben war, sah ich die goldne Aue vor mir, und überschaute Thüringen weit und breit, also daß kein Berg in der Nähe umher mir die Aussicht wehrte. Gegenüber lag der Harz mit seinen dunklen Bergen, und ich sah unzählige Schlösser, Klöster und Ortschaften. Wie mir nun da recht wohl innerlich ward, fiel mir der alte Mann ein, bei dem ich schlief, und es gedäuchte mir, als sey das vor geraumer Zeit geschehn, daß ich bey ihm gewesen sey. Bald gewahrte ich eine Stiege, die in den Berg hinein ging, und ich machte mich hinunter. Nach langer Zeit kam ich in eine große Höhle, da saß ein Greis in einem langen Kleide vor einem eisernen Tische, und schaute unverwandt nach einem wunderschönen Mädchen, die in Marmor gehauen vor ihm stand. Sein Bart war durch den eisernen Tisch gewachsen und bedeckte seine Füße. Er sah ernst und freundlich aus, und gemahnte mich wie ein alter Kopf, den ich den Abend bey dem Manne gesehn hatte. Ein glänzendes Licht war in der Höhle verbreitet. Wie ich so stand und den Greis ansah, klopfte mir plötzlich mein Wirth auf die Schulter, nahm mich bei der Hand und führte mich durch lange Gänge mit sich fort. Nach einer Weile sah ich von weitem eine Dämmerung, als wollte das Tageslicht einbrechen. Ich eilte darauf zu; und befand mich bald auf einem grünen Plane; aber es schien mir alles ganz anders, als in Thüringen. Ungeheure Bäume mit großen glänzenden Blättern verbreiteten weit umher Schatten. Die Luft war sehr heiß und doch nicht drückend. Überall Quellen und Blumen und unter allen Blumen gefiel mir Eine ganz besonders, und es kam mir vor, als neigten sich die Andern gegen sie.

Ach! liebster Vater, sagt mir doch, welche Farbe sie hatte, rief der Sohn mit heftiger Bewegung.

Das entsinne ich mich nicht mehr, so genau ich mir auch sonst alles eingeprägt habe.

War sie nicht blau?

Es kann seyn, fuhr der Alte fort, ohne auf Heinrichs seltsame Heftigkeit Achtung zu geben. Soviel weiß ich nur noch, daß mir ganz unaussprechlich zu Muthe war, und ich mich lange nicht nach meinem Begleiter umsah. Wie ich mich endlich zu ihm wandte, bemerkte ich, daß er mich aufmerksam betrachtete und mir mit inniger Freude zulächelte. Auf welche Art ich von diesem Orte wegkam, erinnere ich mir nicht mehr. Ich war wieder oben auf dem Berge. Mein Begleiter stand bey mir, und sagte: du hast das Wunder der Welt gesehn. Es steht bey dir, das glücklichste Wesen auf der Welt und noch über das ein berühmter Mann zu werden. Nimm wohl in Acht, was ich dir sage: wenn du am Tage Johannis gegen Abend wieder hieher kommst, und Gott herzlich um das Verständniß dieses Traumes bittest, so wird dir das höchste irdische Loos zu Theil werden; dann gieb nur acht, auf ein blaues Blümchen, was du hier oben finden wirst, brich es ab, und überlaß dich dann demüthig der himmlischen Führung. Ich war darauf im Traume unter den herrlichsten Gestalten und Menschen, und unendliche Zeiten gaukelten mit mannichfaltigen Veränderungen vor meinen Augen vorüber. Wie gelöst war meine Zunge, und was ich sprach, klang wie Musik. Darauf ward alles wieder dunkel und eng und gewöhnlich; ich sah deine Mutter mit freundlichem, verschämten Blick vor mir; sie hielt ein glänzendes Kind in den Armen, und reichte mir es hin, als auf einmal das Kind zusehends wuchs, immer heller und glänzender ward, und sich endlich mit blendendweißen Flügeln über uns erhob, uns beyde in seinen Arm nahm, und so hoch mit uns flog, daß die Erde nur wie eine goldene Schüssel mit dem saubersten Schnitzwerk aussah. Dann erinnere ich mir nur, daß wieder jene Blume und der Berg und der Greis vorkamen; aber ich erwachte bald darauf und fühlte mich von heftiger Liebe bewegt. Ich nahm Abschied von meinem gastfreyen Wirth, der mich bat, ihn oft wieder zu besuchen, was ich ihm zusagte, und auch Wort gehalten haben würde, wenn ich nicht bald darauf Rom verlassen hätte, und ungestüm nach Augsburg gereist wäre.

Zweytes Kapitel

Johannis war vorbey, die Mutter hatte längst einmal nach Augsburg ins väterliche Haus kommen und dem Großvater den noch unbekannten lieben Enkel mitbringen sollen. Einige gute Freunde des alten Ofterdingen, ein paar Kaufleute, mußten in Handelsgeschäften dahin reisen. Da faßte die Mutter den Entschluß, bey dieser Gelegenheit jenen Wunsch auszuführen, und es lag ihr dieß um so mehr am Herzen, weil sie seit einiger Zeit merkte, daß Heinrich weit stiller und in sich gekehrter war, als sonst. Sie glaubte, er sey mißmüthig oder krank, und eine weite Reise, der Anblick neuer Menschen und Länder, und wie sie verstohlen ahndete, die Reize einer jungen Landsmännin würden die trübe Laune ihres Sohnes vertreiben, und wieder einen so theilnehmenden und lebensfrohen Menschen aus ihm machen, wie er sonst gewesen. Der Alte willigte in den Plan der Mutter, und Heinrich war über die Maßen erfreut, in ein Land zu kommen, was er schon lange, nach den Erzählungen seiner Mutter und mancher Reisenden, wie ein irdisches Paradies sich gedacht, und wohin er oft vergeblich sich gewünscht hatte.

Heinrich war eben zwanzig Jahr alt geworden. Er war nie über die umliegenden Gegenden seiner Vaterstadt hinausgekommen; die Welt war ihm nur aus Erzählungen bekannt. Wenig Bücher waren ihm zu Gesichte gekommen. Bey der Hofhaltung des Landgrafen ging es nach der Sitte der damaligen Zeiten einfach und still zu; und die Pracht und Bequemlichkeit des fürstlichen Lebens dürfte sich schwerlich mit den Annehmlichkeiten messen, die in spätern Zeiten ein bemittelter Privatmann sich und den Seinigen ohne Verschwendung verschaffen konnte. Dafür war aber der Sinn für die Geräthschaften und Habseeligkeiten, die der Mensch zum mannichfachen Dienst seines Lebens um sich her versammelt, desto zarter und tiefer. Sie waren den Menschen werther und merkwürdiger. Zog schon das Geheimniß der Natur und die Entstehung ihrer Körper den ahndenden Geist an: so erhöhte die seltnere Kunst ihrer Bearbeitung die romantische Ferne, aus der man sie erhielt, und die Heiligkeit ihres Alterthums, da sie sorgfältiger bewahrt, oft das Besitzthum mehrerer Nachkommenschaften wurden, die Neigung zu diesen stummen Gefährten des Lebens. Oft wurden sie zu dem Rang von geweihten Pfändern eines besonderen Segens und Schicksals erhoben, und das Wohl ganzer Reiche und weitverbreiteter Familien hing an ihrer Erhaltung. Eine *liebliche* Armuth schmückte diese Zeiten mit einer eigenthümlichen ernsten und unschuldigen Einfalt; und die sparsam vertheilten Kleinodien glänzten desto bedeutender in dieser Dämmerung, und erfüllten ein sinniges Gemüth mit wunderbaren Erwartungen. Wenn es wahr ist, daß erst eine geschickte Vertheilung von Licht, Farbe und Schatten die verborgene Herrlichkeit der sichtbaren Welt offenbart, und sich hier ein neues höheres Auge aufzuthun scheint: so war damals überall eine ähnliche Vertheilung und Wirthschaftlichkeit wahrzunehmen; da hingegen die neuere wohlhabendere Zeit das einförmige und unbedeutendere Bild eines allgemeinen Tages darbietet. In allen Übergängen scheint, wie in einem Zwischenreiche, eine höhere, geistliche Macht durchbrechen zu wollen; und wie auf der Oberfläche unseres Wohnplatzes, die an unterirdischen und überirdischen Schätzen reichsten Gegenden in der Mitte zwischen den wilden, unwirthlichen Urgebirgen und den unermeßlichen Ebenen liegen, so hat sich auch zwischen den rohen Zeiten der Barbarey und dem kunstreichen, vielwissenden und begüterten Weltalter eine tiefsinnige und romantische Zeit niedergelassen, die unter schlichtem Kleide eine höhere Gestalt verbirgt. Wer wandelt nicht gern im Zwielichte, wenn die Nacht am Lichte und das Licht an der Nacht in höhere Schatten und Farben zerbricht; und also vertiefen wir uns willig in die Jahre, wo Heinrich lebte und jetzt neuen Begebenheiten mit vollem Herzen entgegenging. Er nahm Abschied von seinen Gespielen und seinem Lehrer, dem alten weisen Hofkaplan, der Heinrichs fruchtbare Anlagen kannte, und ihn mit gerührtem Herzen und einem stillen Gebete entließ. Die Landgräfin war seine Pathin; er war oft auf der Wartburg bey ihr gewesen. Auch jetzt beurlaubte er sich bey seiner Beschützerin, die ihm gute Lehren und eine goldene Halskette verehrte, und mit freundlichen Äußerungen von ihm schied.

In wehmüthiger Stimmung verließ Heinrich seinen Vater und seine Geburtsstadt. Es ward ihm jetzt erst deutlich, was Trennung sey; die Vorstellungen von der Reise waren nicht von dem sonderbaren Gefühle begleitet gewesen, was er jetzt empfand, als zuerst seine bisherige Welt von ihm gerissen und er wie auf ein fremdes Ufer gespült ward. Unendlich ist die jugendliche Trauer bey dieser ersten Erfahrung der Vergänglichkeit der irdischen Dinge, die dem unerfahrnen Gemüth so nothwendig, und unentbehrlich, so fest verwachsen mit dem eigenthümlichsten Daseyn und so unveränderlich, wie dieses, vorkommen müssen. Eine erste Ankündigung des Todes, bleibt die erste Trennung unvergeßlich, und wird, nachdem sie lange wie ein nächtliches Gesicht den Menschen beängstigt hat, endlich bey abnehmender Freude an den Erscheinungen des Tages, und zunehmender Sehnsucht nach einer bleibenden sichern Welt, zu einem freundlichen Wegweiser und einer tröstenden Bekanntschaft. Die Nähe seiner Mutter tröstete den Jüngling sehr. Die alte Welt schien noch nicht ganz verlohren, und er umfaßte sie mit verdoppelter Innigkeit. Es war früh am Tage, als die Reisenden aus den Thoren von Eisenach fortritten, und die Dämmerung begünstigte Heinrichs gerührte Stimmung. Je heller es ward, desto bemerklicher wurden ihm die neuen unbekannten Gegenden; und als auf einer Anhöhe die verlassene Landschaft von der aufgehenden Sonne auf einmal erleuchtet wurde, so fielen dem überraschten Jüngling alte Melodien seines Innern in den trüben Wechsel seiner Gedanken ein. Er sah sich an der Schwelle der Ferne, in die er oft vergebens von den nahen Bergen geschaut, und die er sich mit sonderbaren Farben ausgemahlt hatte. Er war im Begriff, sich in ihre blaue Flut zu tauchen. Die Wunderblume stand vor ihm, und er sah nach Thüringen, welches er jetzt hinter sich ließ mit der seltsamen Ahndung hinüber, als werde er nach langen Wanderungen von der Weltgegend her, nach welcher sie jetzt reisten, in sein Vaterland zurückkommen, und als reise er daher diesem eigentlich zu. Die Gesellschaft, die anfänglich aus ähnlichen Ursachen still gewesen war, fing nach gerade an aufzuwachen, und sich mit allerhand Gesprächen und Erzählungen die Zeit zu verkürzen. Heinrichs Mutter glaubte ihren Sohn aus den Träumereien reißen zu müssen, in denen sie ihn versunken sah, und fing an ihm von ihrem Vaterlande zu erzählen, von dem Hause ihres Vaters und dem frölichen Leben in Schwaben. Die Kaufleute stimmten mit ein, und bekräftigten die mütterlichen Erzählungen, rühmten die Gastfreyheit des alten Schwaning, und konnten nicht aufhören, die schönen Landsmänninnen ihrer Reisegefährtin zu preisen. Ihr thut wohl, sagten sie, daß ihr euren Sohn dorthin führt. Die Sitten eures Vaterlandes sind milder und gefälliger. Die Menschen wissen das Nützliche zu befördern, ohne das Angenehme zu verachten. Jedermann sucht seine Bedürfnisse auf eine gesellige und reitzende Art zu befriedigen. Der Kaufmann befindet sich wohl dabey, und wird geehrt. Die Künste und Handwerke vermehren und veredeln sich, den Fleißigen dünkt die Arbeit leichter, weil sie ihm zu mannichfachen Annehmlichkeiten verhilft, und er, indem er eine einförmige Mühe übernimmt, sicher ist, die bunten Früchte mannichfacher und belohnender Beschäftigungen dafür mitzugenießen. Geld, Thätigkeit und Waaren erzeugen sich gegenseitig, und treiben sich in raschen Kreisen, und das Land und die Städte blühen auf. Je eifriger der Erwerbfleiß die Tage benutzt, desto ausschließlicher ist der Abend, den reitzenden Vergnügungen der schönen Künste und des geselligen Umgangs gewidmet. Das Gemüth sehnt sich nach Erholung und Abwechslung, und wo sollte es diese auf eine anständigere und reitzendere Art finden, als in der Beschäftigung mit den freyen Spielen und Erzeugnissen seiner edelsten Kraft, des bildenden Tiefsinns. Nirgends hört man so anmuthige Sänger, findet so herrliche Mahler, und nirgends sieht man auf den Tanzsälen leichtere Bewegungen und lieblichere Gestalten.

Die Nachbarschaft von Wälschland zeigt sich in dem ungezwungenen Betragen und den einnehmenden Gesprächen. Euer Geschlecht darf die Gesellschaften schmücken, und ohne Furcht vor Nachrede mit holdseligem Bezeigen einen lebhaften Wetteifer, seine Aufmerksamkeit zu fesseln, erregen. Die rauhe Ernsthaftigkeit und die wilde Ausgelassenheit der Männer macht einer milden Lebendigkeit und sanfter bescheidner Freude Platz, und die Liebe wird in tausendfachen Gestalten der leitende Geist der glücklichen Gesellschaften. Weit entfernt, daß Ausschweifungen und unziemende Grundsätze dadurch sollten herbeygelockt werden, scheint es, als flöhen die bösen Geister die Nähe der Anmuth, und gewiß sind in ganz Deutschland keine unbescholtenere Mädchen und keine treuere Frauen, als in Schwaben.

Ja junger Freund, in der klaren warmen Luft des südlichen Deutschlands werdet ihr eure ernste Schüchternheit wohl ablegen; die frölichen Mädchen werden euch wohl geschmeidig und gesprächig machen. Schon euer Name, als Fremder, und eure nahe Verwandtschaft mit dem alten Schwaning, der die Freude jeder frölichen Gesellschaft ist, werden die reitzenden Augen der Mädchen auf sich ziehn; und wenn ihr eurem Großvater folgt, so werdet ihr gewiß unsrer Vaterstadt eine ähnliche Zierde in einer holdseligen Frau mitbringen, wie euer Vater. Mit freundlichem Erröthen dankte Heinrichs Mutter für das schöne Lob ihres Vaterlandes, und die gute Meynung von ihren Landsmänninnen, und der gedankenvolle Heinrich hatte nicht umhin gekonnt, aufmerksam und mit innigem Wohlgefallen der Schilderung des Landes, dessen Anblick ihm bevorstand, zuzuhören. Wenn ihr auch, fuhren die Kaufleute fort, die Kunst eures Vaters nicht ergreifen, und lieber, wie wir gehört haben, euch mit gelehrten Dingen befassen wollt: so braucht ihr nicht Geistlicher zu werden, und Verzicht auf die schönsten Genüsse dieses Lebens zu leisten. Es ist eben schlimm genug, daß die Wissenschaften in den Händen eines so von dem weltlichen Leben abgesonderten Standes, und die Fürsten von so ungeselligen und wahrhaft unerfahrenen Männern berathen sind. In der Einsamkeit in welcher sie nicht selbst Theil an den Weltgeschäften nehmen, müssen ihre Gedanken eine unnütze Wendung erhalten, und können nicht auf die wirklichen Vorfälle passen. In Schwaben trefft ihr auch wahrhaft kluge und erfahrne Männer unter den Layen; und ihr mögt nun wählen, welchen Zweig menschlicher Kenntnisse ihr wollt: so wird es euch nicht an den besten Lehrern und Rathgebern fehlen. Nach einer Weile sagte Heinrich, dem bey dieser Rede sein Freund der Hofkaplan in den Sinn gekommen war: Wenn ich bey meiner Unkunde von der Beschaffenheit der Welt Euch auch eben nicht abfällig seyn kann, in dem was ihr von der Unfähigkeit der Geistlichen zu Führung und Beurtheilung weltlicher Angelegenheiten behauptet: so ist mirs doch wohl erlaubt, euch an unsern trefflichen Hofkaplan zu erinnern, der gewiß ein Muster eines weisen Mannes ist, und dessen Lehren und Rathschläge mir unvergessen seyn werden.

Wir ehren, erwiederten die Kaufleute, diesen trefflichen Mann von ganzem Herzen; aber dennoch können wir nur in sofern eurer Meinung Beyfall geben, daß er ein weiser Mann sey, wenn ihr von jener Weisheit sprecht, die einen Gott wohlgefälligen Lebenswandel angeht. Haltet ihr ihn für eben so weltklug, als er in den Sachen des Heils geübt und unterrichtet ist: so erlaubt uns, daß wir euch nicht beystimmen. Doch glauben wir, daß dadurch der heilige Mann nichts von seinem verdienten Lobe verliert; da er viel zu vertieft in der Kunde der überirdischen Welt ist, als daß er nach Einsicht und Ansehn in irdischen Dingen streben sollte.

Aber, sagte Heinrich, sollte nicht jene höhere Kunde ebenfalls geschickt machen, recht unpartheiisch den Zügel menschlicher Angelegenheiten zu führen? sollte nicht jene kindliche unbefangene Einfalt sicherer den richtigen Weg durch das Labyrinth der hiesigen Begebenheiten treffen, als die durch Rücksicht auf eigenen Vortheil irregeleitete und gehemmte, von der unerschöpflichen Zahl neuer Zufälle und Verwickelungen geblendete Klugheit? Ich weiß nicht, aber mich dünkt, ich sähe zwey Wege um zur Wissenschaft der menschlichen Geschichte zu gelangen. Der eine, mühsam und unabsehlich, mit unzähligen Krümmungen, der Weg der Erfahrung; der andere, fast Ein Sprung nur, der Weg der innern Betrachtung. Der Wanderer des ersten muß eins aus dem andern in einer langwierigen Rechnung finden, wenn der andere die Natur jeder Begebenheit und jeder Sache gleich unmittelbar anschaut, und sie in ihrem lebendigen, mannichfaltigen Zusammenhange betrachten, und leicht mit allen übrigen, wie Figuren auf einer Tafel, vergleichen kann. Ihr müßt verzeihen, wenn ich wie aus kindischen Träumen vor euch rede: nur das Zutrauen zu eurer Güte und das Andenken meines Lehrers, der den zweyten Weg mir als seinen eignen von weitem gezeigt hat, machte mich so dreist.

Wir gestehen Euch gern, sagten die gutmüthigen Kaufleute, daß wir eurem Gedankengange nicht zu folgen vermögen: doch freut es uns, daß ihr so warm euch des trefflichen Lehrers erinnert, und seinen Unterricht wohl gefaßt zu haben scheint.

Es dünkt uns, ihr habt Anlage zum Dichter. Ihr sprecht so geläufig von den Erscheinungen eures Gemüths, und es fehlt Euch nicht an gewählten Ausdrücken und passenden Vergleichungen. Auch neigt Ihr Euch zum Wunderbaren, als dem Elemente der Dichter.

Ich weiß nicht, sagte Heinrich, wie es kommt. Schon oft habe ich von Dichtern und Sängern sprechen gehört, und habe noch nie einen gesehn. Ja, ich kann mir nicht einmal einen Begriff von ihrer sonderbaren Kunst machen, und doch habe ich eine große Sehnsucht davon zu hören. Es ist mir, als würde ich manches besser verstehen, was jetzt nur dunkle Ahndung in mir ist. Von Gedichten ist oft erzählt worden, aber nie habe ich eins zu sehen bekommen, und mein Lehrer hat nie Gelegenheit gehabt Kenntnisse von dieser Kunst einzuziehn. Alles, was er mir davon gesagt, habe ich nicht deutlich begreifen können. Doch meynte er immer, es sey eine edle Kunst, der ich mich ganz ergeben würde, wenn ich sie einmal kennen lernte. In alten Zeiten sey sie weit gemeiner gewesen, und habe jedermann einige Wissenschaft davon gehabt, jedoch Einer vor dem Andern. Sie sey noch mit andern verlohrengegangenen herrlichen Künsten verschwistert gewesen. Die Sänger hätte göttliche Gunst hoch geehrt, so daß sie begeistert durch unsichtbaren Umgang, himmlische Weisheit auf Erden in lieblichen Tönen verkündigen können.

Die Kaufleute sagten darauf: Wir haben uns freylich nie um die Geheimnisse der Dichter bekümmert, wenn wir gleich mit Vergnügen ihrem Gesange zugehört. Es mag wohl wahr seyn, daß eine besondere Gestirnung dazu gehört, wenn ein Dichter zur Welt kommen soll; denn es ist gewiß eine recht wunderbare Sache mit dieser Kunst. Auch sind die andern Künste gar sehr davon unterschieden, und lassen sich weit eher begreifen. Bey den Mahlern und Tonkünstlern kann man leicht einsehn, wie es zugeht, und mit Fleiß und Geduld läßt sich beydes lernen. Die Töne liegen schon in den Saiten, und es gehört nur eine Fertigkeit dazu, diese zu bewegen um jene in einer reitzenden Folge aufzuwecken. Bey den Bildern ist die Natur die herrlichste Lehrmeisterin. Sie erzeugt unzählige schöne und wunderliche Figuren, giebt die Farben, das Licht und den Schatten, und so kann eine geübte Hand, ein richtiges Auge, und die Kenntniß von der Bereitung und Vermischung der Farben, die Natur auf das vollkommenste nachahmen. Wie natürlich ist daher auch die Wirkung dieser Künste, das Wohlgefallen an ihren Werken, zu begreifen. Der Gesang der Nachtigall, das Sausen des Windes, und die herrlichen Lichter, Farben und Gestalten gefallen uns, weil sie unsere Sinne angenehm beschäftigen; und da unsere Sinne dazu von der Natur, die auch jenes hervorbringt, so eingerichtet sind, so muß uns auch die künstliche Nachahmung der Natur gefallen. Die Natur will selbst auch einen Genuß von ihrer großen Künstlichkeit haben, und darum hat sie sich in Menschen verwandelt, wo sie nun selber sich über ihre Herrlichkeit freut, das Angenehme und Liebliche von den Dingen absondert, und es auf solche Art allein hervorbringt, daß sie es auf mannichfaltigere Weise, und zu allen Zeiten und allen Orten haben und genießen kann. Dagegen ist von der Dichtkunst sonst nirgends äußerlich etwas anzutreffen. Auch schafft sie nichts mit Werkzeugen und Händen; das Auge und das Ohr vernehmen nichts davon: denn das bloße Hören der Worte ist nicht die eigentliche Wirkung dieser geheimen Kunst. Es ist alles innerlich, und wie jene Künstler die äußern Sinne mit angenehmen Empfindungen erfüllen, so erfüllt der Dichter das inwendige Heiligthum des Gemüths mit neuen, wunderbaren und gefälligen Gedanken. Er weiß jene geheimen Kräfte in uns nach Belieben zu erregen, und giebt uns durch Worte eine unbekannte herrliche Welt zu vernehmen. Wie aus tiefen Höhlen steigen alte und künftige Zeiten, unzählige

Menschen, *wunderbare* Gegenden, und die seltsamsten Begebenheiten in uns herauf, und entreißen uns der bekannten Gegenwart. Man hört fremde Worte und weiß doch, was sie bedeuten sollen. Eine magische Gewalt üben die Sprüche des Dichters aus; auch die gewöhnlichen Worte kommen in reizenden Klängen vor, und berauschen die festgebannten Zuhörer.

Ihr verwandelt meine Neugierde in heiße Ungeduld, sagte Heinrich. Ich bitte euch, erzählt mir von allen Sängern, die ihr gehört habt. Ich kann nicht genug von diesen besonderen Menschen hören. Mir ist auf einmal, als hätte ich irgendwo schon davon in meiner tiefsten Jugend reden hören, doch kann ich mich schlechterdings nichts mehr davon entsinnen. Aber mir ist das, was ihr sagt, so klar, so bekannt, und ihr macht mir ein außerordentliches Vergnügen mit euren schönen Beschreibungen.

Wir erinnern uns selbst gern, fuhren die Kaufleute fort, mancher frohen Stunden, die wir in Welschland, Frankreich und Schwaben in der Gesellschaft von Sängern zugebracht haben, und freuen uns, daß ihr so lebhaften Antheil an unsern Reden nehmet. Wenn man so in Gebirgen reist, spricht es sich mit doppelter Annehmlichkeit, und die Zeit vergeht spielend. Vielleicht ergötzt es euch einige artige Geschichten von Dichtern zu hören, die wir auf unsern Reisen erfuhren. Von den Gesängen selbst, die wir gehört haben, können wir wenig sagen, da die Freude und der Rausch des Augenblicks das Gedächtniß hindert viel zu behalten, und die unaufhörlichen Handelsgeschäfte manches Andenken auch wieder verwischt haben.

In alten Zeiten muß die ganze Natur lebendiger und sinnvoller gewesen seyn, als heut zu Tage. Wirkungen, die jetzt kaum noch die Thiere zu bemerken scheinen, und die Menschen eigentlich allein noch empfinden und genießen, bewegten damals leblose Körper; und so war es möglich, daß kunstreiche Menschen allein Dinge möglich machten und Erscheinungen hervorbrachten, die uns jetzt völlig unglaublich und fabelhaft dünken. So sollen vor uralten Zeiten in den Ländern des jetzigen Griechischen Kaiserthums, wie uns Reisende berichtet, die diese Sagen noch dort unter dem gemeinen Volke angetroffen haben, Dichter gewesen seyn, die durch den seltsamen Klang wunderbarer Werkzeuge das geheime Leben der Wälder, die in den Stämmen verborgenen Geister aufgeweckt, in wüsten, verödeten Gegenden den todten Pflanzensaamen erregt, und blühende Gärten hervorgerufen, grausame Thiere gezähmt und verwilderte Menschen zu Ordnung und Sitte gewöhnt, sanfte Neigungen und Künste des Friedens in ihnen rege gemacht, reißende Flüsse in milde Gewässer verwandelt, und selbst die todtesten Steine in regelmäßige tanzende Bewegungen hingerissen haben. Sie sollen zugleich Wahrsager und Priester, Gesetzgeber und Ärzte gewesen seyn, indem selbst die höhern Wesen durch ihre zauberische Kunst herabgezogen worden sind, und sie in den Geheimnissen der Zukunft unterrichtet, das Ebenmaß und die natürliche Einrichtung aller Dinge, auch die innern Tugenden und Heilkräfte der Zahlen, Gewächse und aller Kreaturen, ihnen offenbart. Seitdem sollen, wie die Sage lautet, erst die mannichfaltigen Töne und die sonderbaren Sympathien und Ordnungen in die Natur gekommen seyn, indem vorher alles wild, unordentlich und feindselig gewesen ist. Seltsam ist nur hiebey, daß zwar diese schönen Spuren, zum Andenken der Gegenwart jener wohlthätigen Menschen, geblieben sind, aber entweder ihre Kunst, oder jene zarte Gefühligkeit der Natur verlohren gegangen ist. In diesen Zeiten hat es sich unter andern einmal zugetragen, daß einer jener sonderbaren Dichter oder mehr Tonkünstler – wiewohl die Musik und Poesie wohl ziemlich eins seyn mögen und vielleicht eben so zusammen gehören wie Mund und Ohr, da der erste nur ein bewegliches und antwortendes Ohr ist – daß also dieser Tonkünstler übers Meer in ein fremdes Land reisen wollte. Er war reich an schönen Kleinodien und köstlichen Dingen, die ihm aus Dankbarkeit verehrt worden waren. Er fand ein Schiff am Ufer, und die Leute darinn schienen bereitwillig, ihn für den verheißenen Lohn nach der verlangten Gegend zu fahren. Der Glanz und die Zierlichkeit seiner Schätze reizten aber bald ihre Habsucht so sehr, daß sie unter einander verabredeten, sich seiner zu bemächtigen, ihn ins Meer zu werfen und nachher seine Habe unter einander zu vertheilen. Wie sie also mitten im Meere waren, fielen sie über ihn her, und sagten ihm, daß er sterben müsse, weil sie beschlossen hätten, ihn ins Meer zu werfen. Er bat sie auf die rührendste

Weise um sein Leben, bot ihnen seine Schätze zum Lösegeld an, und prophezeyte ihnen großes Unglück, wenn sie ihren Vorsatz ausführen würden. Aber weder das eine, noch das andere konnte sie bewegen: denn sie fürchteten sich, daß er ihre bösliche That einmal verrathen möchte. Da er sie nun einmal so fest entschlossen sah, bat er sie ihm wenigstens zu erlauben, daß er noch vor seinem Ende seinen Schwanengesang spielen dürfe, dann wolle er mit seinem schlichten hölzernen Instrumente, vor ihren Augen freywillig ins Meer springen. Sie wußten recht wohl, daß wenn sie seinen Zaubergesang hörten, ihre Herzen erweicht, und sie von Reue ergriffen werden würden; daher nahmen sie sich vor, ihm zwar diese letzte Bitte zu gewähren, während des Gesanges aber sich die Ohren fest zu verstopfen, daß sie nichts davon vernähmen, und so bey ihrem Vorhaben bleiben könnten. Dies geschah. Der Sänger stimmte einen herrlichen, unendlich rührenden Gesang an. Das ganze Schiff tönte mit, die Wellen klangen, die Sonne und die Gestirne erschienen zugleich am Himmel, und aus den grünen Fluten tauchten tanzende Schaaren von Fischen und Meerungeheuern hervor. Die Schiffer standen feindselig allein mit festverstopften Ohren, und warteten voll Ungeduld auf das Ende des Liedes. Bald war es vorüber. Da sprang der Sänger mit heitrer Stirn in den dunkeln Abgrund hin, sein wunderthätiges Werkzeug im Arm. Er hatte kaum die glänzenden Wogen berührt, so hob sich der breite Rücken eines dankbaren Unthiers unter ihm hervor, und es schwamm schnell mit dem erstaunten Sänger davon. Nach kurzer Zeit hatte es mit ihm die Küste erreicht, nach der er hingewollt hatte, und setzte ihn sanft im Schilfe nieder. Der Dichter sang seinem Retter ein frohes Lied, und ging dankbar von dannen. Nach einiger Zeit ging er einmal am Ufer des Meers allein, und klagte in süßen Tönen über seine verlohrenen Kleinode, die ihm als Erinnerungen glücklicher Stunden und als Zeichen der Liebe und Dankbarkeit so werth gewesen waren. Indem er so sang, kam plözlich sein alter Freund im Meere fröhlich daher gerauscht, und ließ aus seinem Rachen die geraubten Schätze auf den Sand fallen. Die Schiffer hatten, nach des Sängers Sprunge, sich sogleich in seine Hinterlassenschaft zu theilen angefangen. Bey dieser Theilung war Streit unter ihnen entstanden, und hatte sich in einen mörderischen Kampf geendigt, der den Meisten das Leben gekostet; die wenigen, die überig geblieben, hatten allein das Schiff nicht regieren können, und es war bald auf den Strand gerathen, wo es scheiterte und unterging. Sie brachten mit genauer Noth das Leben davon, und kamen mit leeren Händen und zerrissenen Kleidern ans Land, und so kehrten durch die Hülfe des dankbaren Meerthiers, das die Schätze im Meere aufsuchte, dieselben in die Hände ihres alten Besitzers zurück.

Drittes Kapitel

Eine andere Geschichte, fuhren die Kaufleute nach einer Pause fort, die freylich nicht so wunderbar und auch aus späteren Zeiten ist, wird euch vielleicht doch gefallen und euch mit den Wirkungen jener wunderbaren Kunst noch bekannter machen. Ein alter König hielt einen glänzenden Hof. Weit und breit strömten Menschen herzu, um Theil an der Herrlichkeit seines Lebens zu haben, und es gebrach weder den täglichen Festen an Überfluß köstlicher Waaren des Gaumes, noch an Musik, prächtigen Verzierungen und Trachten, und tausend abwechselnden Schauspielen und Zeitvertreiben, noch endlich an sinnreicher Anordnung, an klugen, gefälligen, und unterrichteten Männern zur Unterhaltung und Beseelung der Gespräche, und an schöner, anmuthiger Jugend von beyden Geschlechtern, die die eigentliche Seele reitzender Feste ausmachen. Der alte König, der sonst ein strenger und ernster Mann war, hatte zwey Neigungen, die der wahre Anlaß dieser prächtigen Hofhaltung waren, und denen sie ihre schöne Einrichtung zu danken hatte. Eine war die Zärtlichkeit für seine Tochter, die ihm als Andenken seiner früh verstorbenen Gemahlin und als ein unaussprechlich liebenswürdiges Mädchen unendlich theuer war, und für die er gern alle Schätze der Natur und alle Macht des menschlichen Geistes aufgeboten hätte, um ihr einen Himmel auf Erden zu verschaffen. Die Andere war eine wahre Leidenschaft für die Dichtkunst und ihre Meister. Er hatte von Jugend auf die Werke der Dichter mit innigem Vergnügen gelesen, an ihre Sammlung aus allen Sprachen großen Fleiß und große Summen gewendet, und von jeher den Umgang der Sänger über alles geschätzt. Von allen Enden zog er sie an seinen Hof und überhäufte sie mit Ehren. Er ward nicht müde ihren Gesängen zuzuhören, und vergaß oft die wichtigsten Angelegenheiten, ja die Bedürfnisse des Lebens über einem neuen, hinreißenden Gesange. Seine Tochter war unter Gesängen aufgewachsen, und ihre ganze Seele war ein zartes Lied geworden, ein einfacher Ausdruck der Wehmut und Sehnsucht. Der wohlthätige Einfluß der beschützten und geehrten Dichter zeigte sich im ganzen Lande, besonders aber am Hofe. Man genoß das Leben mit langsamen, kleinen Zügen wie einen köstlichen Trank, und mit desto reinerem Wohlbehagen, da alle widrige gehässige Leidenschaften, wie Mißtöne von der sanften harmonischen Stimmung verscheucht wurden, die in allen Gemüthern herrschend war. Frieden der Seele und innres seeliges Anschauen einer selbst geschaffenen, glücklichen Welt war das Eigenthum dieser wunderbaren Zeit geworden, und die Zwietracht erschien nur in den alten Sagen der Dichter, als eine ehmalige Feindinn der Menschen. Es schien, als hätten die Geister des Gesanges ihrem Beschützer kein lieblicheres Zeichen der Dankbarkeit geben können, als seine Tochter, die alles besaß, was die süßeste Einbildungskraft nur in der zarten Gestalt eines Mädchens vereinigen konnte. Wenn man sie an den schönen Festen unter einer Schaar reitzender Gespielen, im weißen glänzenden Gewande erblickte, wie sie den Wettgesängen der begeisterten Sänger mit tiefem Lauschen zuhörte, und erröthend einen duftenden Kranz auf die Locken des Glücklichen drückte, dessen Lied den Preis gewonnen hatte: so hielt man sie für die sichtbare Seele jener herrlichen Kunst, die jene Zaubersprüche beschworen hätten, und hörte auf sich über die Entzückungen und Melodien der Dichter zu wundern.

Mitten in diesem irdischen Paradiese schien jedoch ein geheimnißvolles Schicksal zu schweben. Die einzige Sorge der Bewohner dieser Gegenden betraf die Vermählung der aufblühenden Prinzessin, von der die Fortdauer dieser seligen Zeiten und das Verhängniß des ganzen Landes abhing. Der König ward immer älter. Ihm selbst schien diese Sorge lebhaft am Herzen zu liegen, und doch zeigte sich keine Aussicht zu einer Vermählung für sie, die allen Wünschen angemessen gewesen wäre. Die heilige Ehrfurcht für das königliche Haus erlaubte keinem Unterthan, an die Möglichkeit zu denken, die Prinzessin zu besitzen. Man betrachtete sie wie ein überirdisches Wesen, und alle Prinzen aus andern Ländern, die sich mit Ansprüchen auf sie am Hofe gezeigt hatten, schienen so tief unter ihr zu seyn, daß kein Mensch auf den Einfall kam, die Prinzessin oder der König werde die Augen auf einen unter ihnen richten. Das Gefühl des Abstandes hatte sie auch allmählich alle verscheucht, und das ausgesprengte Gerücht des ausschweifenden Stolzes dieser königlichen Familie schien Andern alle Lust zu benehmen, sich ebenfalls gedemüthigt zu sehn. Ganz unbegründet war auch dieses Gerücht nicht. Der König war bey aller Milde beynah unwillkührlich in ein Gefühl der Erhabenheit gerathen, was ihm jeden Gedanken an die Verbindung seiner Tochter mit einem Manne von niedrigerem Stande und dunklerer Herkunft unmöglich oder unerträglich machte. Ihr hoher, einziger Werth hatte jenes Gefühl in ihm immer mehr bestätigt. Er war aus einer uralten Morgenländischen Königsfamilie entsprossen. Seine Gemahlin war der letzte Zweig der Nachkommenschaft des berühmten Helden Rustan gewesen. Seine Dichter hatten ihm unaufhörlich von seiner Verwand[t]schaft mit den ehemaligen übermenschlichen Beherrschern der Welt vorgesungen, und in dem Zauberspiegel ihrer Kunst war ihm der Abstand seiner Herkunft von dem Ursprunge der andern Menschen, die Herrlichkeit seines Stammes noch heller erschienen, so daß es ihn dünkte, nur durch die edlere Klasse der Dichter mit dem übrigen Menschengeschlechte zusammenzuhängen. Vergebens sah er sich mit voller Sehnsucht nach einem zweyten Rustan um, indem er fühlte, daß das Herz seiner aufblühenden Tochter, der Zustand seines Reichs, und sein zunehmendes Alter ihre Vermählung in aller Absicht sehr wünschenswerth machten.

Nicht weit von der Hauptstadt lebte auf einem abgelegenen Landgute ein alter Mann, der sich ausschließlich mit der Erziehung seines einzigen Sohnes beschäftigte, und nebenher den

Landleuten in wichtigen Krankheiten Rath ertheilte. Der junge Mensch war ernst und ergab sich einzig der Wissenschaft der Natur, in welcher ihn sein Vater von Kindheit auf unterrichtete. Aus fernen Gegenden war der Alte vor mehreren Jahren in dies friedliche und blühende Land gezogen, und begnügte sich den wohlthätigen Frieden, den der König um sich verbreitete, in der Stille zu genießen. Er benutzte sie, die Kräfte der Natur zu erforschen, und diese hinreißenden Kenntnisse seinem Sohne mitzutheilen, der viel Sinn dafür verrieth und dessen tiefem Gemüth die Natur bereitwillig ihre Geheimnisse anvertraute. Die Gestalt des jungen Menschen schien gewöhnlich und unbedeutend, wenn man nicht einen höhern Sinn für die geheimere Bildung seines edlen Gesichts und die ungewöhnliche Klarheit seiner Augen mitbrachte. Je länger man ihn ansah, desto anziehender ward er, und man konnte sich kaum wieder von ihm trennen, wenn man seine sanfte, eindringende Stimme und seine anmuthige Gabe zu sprechen hörte. Eines Tages hatte die Prinzessin, deren Lustgärten an den Wald stießen, der das Landgut des Alten in einem kleinen Thale verbarg, sich allein zu Pferde in den Wald begeben, um desto ungestörter ihren Fantasien nachhängen und einige schöne Gesänge sich wiederhohlen zu können. Die Frische des hohen Waldes lockte sie immer tiefer in seine Schatten, und so kam sie endlich an das Landgut, wo der Alte mit seinem Sohne lebte. Es kam ihr die Lust an, Milch zu trinken, sie stieg ab, band ihr Pferd an einen Baum, und trat in das Haus, um sich einen Trunk Milch auszubitten. Der Sohn war gegenwärtig, und erschrak beynah über diese zauberhafte Erscheinung eines majestätischen weiblichen Wesens, das mit allen Reizen der Jugend und Schönheit geschmückt, und von einer unbeschreiblich anziehenden Durchsichtigkeit der zartesten, unschuldigsten und edelsten Seele beynah vergöttlicht wurde. Während er eilte ihre wie Geistergesang tönende Bitte zu erfüllen, trat ihr der Alte mit bescheidner Ehrfurcht entgegen, und lud sie ein, an dem einfachen Herde, der mitten im Hause stand, und auf welchem eine leichte blaue Flamme ohne Geräusche emporspielte, Platz zu nehmen. Es fiel ihr, gleich beym Eintritt, der mit tausend seltenen Sachen gezierte Hausraum, die Ordnung und

Reinlichkeit des Ganzen, und eine seltsame Heiligkeit des Ortes auf, deren Eindruck noch durch den schlicht gekleideten ehrwürdigen Greis und den bescheidnen Anstand des Sohnes erhöhet wurde. Der Alte hielt sie gleich für eine zum Hof gehörige Person, wozu ihre kostbare Tracht, und ihr edles Betragen ihm Anlaß genug gab. Während der Abwesenheit des Sohnes befragte sie ihn um einige Merkwürdigkeiten, die ihr vorzüglich in die Augen fielen, worunter besonders einige alte, sonderbare Bilder waren, die neben ihrem Sitze auf dem Heerde standen, und er war bereitwillig sie auf eine anmuthige Art damit bekannt zu machen. Der Sohn kam bald mit einem Kruge voll frischer Milch zurück, und reichte ihr denselben mit ungekünsteltem und ehrfurchtsvollem Wesen. Nach einigen anziehenden Gesprächen mit beyden, dankte sie auf die lieblichste Weise für die freundliche Bewirthung, bat erröthend den Alten um die Erlaubniß wieder kommen, und seine lehrreichen Gespräche über die vielen wunderbaren Sachen genießen zu dürfen, und ritt zurück, ohne ihren Stand verrathen zu haben, da sie merkte, daß Vater und Sohn sie nicht kannten. Ohnerachtet die Hauptstadt so nahe lag, hatten beyde, in ihre Forschungen vertieft, das Gewühl der Menschen zu vermeiden gesucht, und es war dem Jüngling nie eine Lust angekommen, den Festen des Hofes beyzuwohnen; besonders da er seinen Vater höchstens auf eine Stunde zu verlassen pflegte, um zuweilen im Walde nach Schmetterlingen, Käfern und Pflanzen umher zu gehn, und die Eingebungen des stillen Naturgeistes durch den Einfluß seiner mannichfaltigen äußeren Lieblichkeiten zu vernehmen. Dem Alten, der Prinzessin und dem Jüngling war die einfache Begebenheit des Tages gleich wichtig. Der Alte hatte leicht den neuen tiefen Eindruck bemerkt, den die Unbekannte auf seinen Sohn machte. Er kannte diesen genug, um zu wissen, daß jeder tiefe Eindruck bey ihm ein lebenslänglicher seyn würde. Seine Jugend und die Natur seines Herzens mußten die erste Empfindung dieser Art zur unüberwindlichen Neigung machen. Der Alte hatte lange eine solche Begebenheit herannahen sehen. Die hohe Liebenswürdigkeit der Erscheinung flößte ihm unwillkührlich eine innige Theilnahme ein, und sein zuversichtliches Gemüth entfernte alle Besorgnisse über die Entwickelung dieses sonderbaren Zufalls. Die Prinzessin hatte sich nie in einem ähnlichen Zustande befunden, wie der war, in welchem sie langsam nach Hause ritt. Es konnte vor der einzigen helldunklen wunderbar beweglichen Empfindung einer neuen Welt, kein eigentlicher Gedanke in ihr entstehen. Ein magischer Schleyer dehnte sich in weiten Falten um ihr klares Bewußtseyn. Es war ihr, als würde sie sich, wenn er aufgeschlagen würde, in einer überirdischen Welt befinden. Die Erinnerung an die Dichtkunst, die bisher ihre ganze Seele beschäftigt hatte, war zu einem fernen Gesange geworden, der ihren seltsam lieblichen Traum mit den ehemaligen Zeiten verband. Wie sie zurück in den Pallast kam, erschrak sie beynah über seine Pracht und sein buntes Leben, noch mehr aber bey der Bewillkommung ihres Vaters, dessen Gesicht zum erstenmale in ihrem Leben eine scheue Ehrfurcht in ihr erregte. Es schien ihr eine unabänderliche Nothwendigkeit, nichts von ihrem Abentheuer zu erwähnen. Man war ihre schwärmerische Ernsthaftigkeit, ihren in Fantasieen und tiefes Sinnen verlornen Blick schon zu gewohnt, um etwas Außerordentliches darin zu bemerken. Es war ihr jetzt nicht mehr so lieblich zu Muthe; sie schien sich unter lauter Fremden, und eine sonderbare Bänglichkeit begleitete sie bis an den Abend, wo das frohe Lied eines Dichters, der die Hoffnung pries, und von den Wundern des Glaubens an die Erfüllung unsrer Wünsche mit hinreißender Begeisterung sang, sie mit süßem Trost erfüllte und in die angenehmsten Träume wiegte. Der Jüngling hatte sich gleich nach ihrem Abschiede in den Wald verlohren. An der Seite des Weges war er in Gebüschen bis an die Pforten des Gartens ihr gefolgt, und dann auf dem Wege zurückgegangen. Wie er so ging, sah er vor seinen Füßen einen hellen Glanz. Er bückte sich danach und hob einen dunkelrothen Stein auf, der auf einer Seite außerordentlich funkelte, und auf der Andern eingegrabene unverständliche Chiffern zeigte. Er erkannte ihn für einen kostbaren Karfunkel, und glaubte ihn in der Mitte des Halsbandes an der Unbekannten bemerkt zu haben. Er eilte mit beflügelten Schritten nach Hause, als wäre sie noch dort, und brachte den Stein seinem Vater. Sie wurden einig, daß der Sohn den andern Morgen auf dem Weg zurückgehn und warten sollte, ob der Stein gesucht würde, wo er ihn dann zurückgeben könnte; sonst wollten sie ihn bis zu einem zweyten Besuche der Unbekannten aufheben, um ihr selbst ihn zu überreichen. Der Jüngling betrachtete fast die ganze Nacht den Karfunkel und fühlte gegen Morgen ein unwiderstehliches Verlangen einige Worte auf den Zettel zu schreiben, in welchen er den Stein einwickelte. Er wußte selbst nicht genau, was er sich bey den Worten dachte, die er hinschrieb.

Es ist dem Stein ein räthselhaftes Zeichen,
Tief eingegraben in sein glühend Blut,
Er ist mit einem Herzen zu vergleichen,
In dem das Bild der Unbekannten ruht.
Man sieht um jenen tausend Funken streichen,
Um dieses woget eine lichte Flut.
In jenem liegt des Glanzes Licht begraben,
Wird dieses auch das Herz des Herzens haben?

Kaum daß der Morgen anbrach, so begab er sich schon auf den Weg, und eilte der Pforte des Gartens zu.

Unterdessen hatte die Prinzessin Abends beym Auskleiden den theuren Stein in ihrem Halsbande vermißt, der ein Andenken ihrer Mutter und noch dazu ein Talisman war, dessen Besitz ihr die Freiheit ihrer Person sicherte, indem sie damit nie in fremde Gewalt ohne ihren Willen gerathen konnte.

Dieser Verlust befremdete sie mehr, als daß er sie erschreckt hätte. Sie erinnerte sich, ihn gestern bey dem Spazierritt noch gehabt zu haben, und glaubte fest, daß er entweder im Hause des Alten, oder auf dem Rückwege im Walde verloren gegangen seyn müsse; der Weg war ihr noch in frischem Andenken, und so beschloß sie gleich früh den Stein aufzusuchen, und ward bey diesem Gedanken so heiter, daß es fast das Ansehn gewann, als sey sie gar nicht unzufrieden mit dem Verluste, weil er Anlaß gäbe jenen Weg sogleich noch einmal zu machen. Mit dem Tage ging sie durch den Garten nach dem Walde, und weil sie eilfertiger ging als gewöhnlich, so fand sie es ganz natürlich, daß ihr das Herz lebhaft schlug, und ihr die Brust beklomm. Die Sonne fing eben an, die Wipfel der alten Bäume zu vergolden, die sich mit sanftem Flüstern bewegten, als wollten sie sich gegenseitig aus nächtlichen Gesichtern erwecken, um die Sonne gemeinschaftlich zu begrüßen, als die Prinzessin durch ein fernes Geräusch veranlaßt, den Weg hinunter und den Jüngling auf sich zueilen sah, der in demselben Augenblick ebenfalls sie bemerkte.

Wie angefesselt blieb er eine Weile stehn, und blickte unverwandt sie an, gleichsam um sich zu überzeugen, daß ihre Erscheinung wirklich und keine Täuschung sey. Sie begrüßten sich mit einem zurückgehaltenen Ausdruck von Freude, als hätten sie sich schon lange gekannt und geliebt. Noch ehe die Prinzessin die Ursache ihres frühen Spazierganges ihm entdecken konnte, überreichte er ihr mit Erröthen und Herzklopfen den Stein in dem beschriebenen Zettel. Es war, als ahndete die Prinzessin den Inhalt der Zeilen. Sie nahm ihn stillschweigend mit zitternder Hand und hing ihm zur Belohnung für seinen glücklichen Fund beynah unwillkührlich eine goldne Kette um, die sie um den Hals trug. Beschämt kniete er vor ihr und konnte, da sie sich nach seinem Vater erkundigte, einige Zeit keine Worte finden. Sie sagte ihm halbleise, und mit niedergeschlagenen Augen, daß sie bald wieder zu ihnen kommen, und die Zusage des Vaters sie mit seinen Seltenheiten bekannt zu machen, mit vieler Freude benutzen würde.

Sie dankte dem Jünglinge noch einmal mit ungewöhnlicher Innigkeit, und ging hierauf langsam, ohne sich umzusehen, zurück. Der Jüngling konnte kein Wort vorbringen. Er neigte sich ehrfurchtsvoll und sah ihr lange nach, bis sie hinter den Bäumen verschwand. Nach dieser Zeit vergingen wenig Tage bis zu ihrem zweyten Besuche, dem bald mehrere folgten. Der Jüngling ward unvermerkt ihr Begleiter bey diesen Spaziergängen. Er holte sie zu bestimmten Stunden am Garten ab, und brachte sie dahin zurück. Sie beobachtete ein unverbrüchliches Stillschweigen über ihren Stand, so zutraulich sie auch sonst gegen ihren Begleiter wurde, dem bald kein Gedanke in ihrer himmlischen Seele verborgen blieb. Es war, als flößte ihr die Erhabenheit ihrer Herkunft eine geheime Furcht ein. Der Jüngling gab ihr ebenfalls seine ganze Seele. Vater und Sohn hielten sie für ein vornehmes Mädchen vom Hofe. Sie hing an dem Alten mit der Zärtlichkeit einer Tochter. Ihre Liebkosungen gegen ihn waren die entzükkenden Vorboten ihrer Zärtlichkeit gegen den Jüngling. Sie ward bald einheimisch in dem wunderbaren Hause; und wenn sie dem Alten und dem Sohne, der zu ihren Füßen saß, auf ihrer Laute reitzende Lieder mit einer überirdischen Stimme vorsang, und letzteren in dieser lieblichen Kunst unterrichtete: so erfuhr sie dagegen von seinen begeisterten Lippen die Enträthselung der überall verbreiteten Naturgeheimnisse. Er lehrte ihr, wie durch wundervolle Sympathie die Welt entstanden sey, und die Gestirne sich zu melodischen Reigen vereinigt hätten. Die Geschichte der Vorwelt ging durch seine heiligen Erzählungen in ihrem Gemüth auf; und wie entzückt war sie, wenn ihr Schüler, in der Fülle seiner Eingebungen, die Laute ergriff und mit unglaublicher Gelehrigkeit in die wundervollsten Gesänge ausbrach. Eines Tages, wo ein besonders kühner Schwung sich seiner Seele in ihrer Gesellschaft bemächtigt hatte, und die mächtige Liebe auf dem Rückwege ihre jungfräuliche Zurückhaltung mehr als gewöhnlich überwand, so daß sie beyde ohne selbst zu wissen wie einander in die Arme sanken, und der erste glühende Kuß sie auf ewig zusammenschmelzte, fing mit einbrechender Dämmerung ein gewaltiger Sturm in den Gipfeln der Bäume plötzlich zu toben an. Drohende Wetterwolken zogen mit tiefem nächtlichen Dunkel über sie her. Er eilte sie in Sicherheit vor dem fürchterlichen Ungewitter und den brechenden Bäumen zu bringen: aber er verfehlte in der Nacht und voll Angst wegen seiner Geliebten den Weg, und gerieth immer tiefer in den Wald hinein. Seine Angst wuchs, wie er seinen Irrthum bemerkte. Die Prinzessin dachte an das Schrecken des Königs und des Hofes; eine unnennbare Ängstlichkeit fuhr zuweilen, wie ein zerstörender Strahl, durch ihre Seele, und nur die Stimme ihres Geliebten, der ihr unaufhörlich Trost zusprach, gab ihr Muth und Zutrauen zurück, und erleichterte ihre beklommne Brust. Der Sturm wüthete fort; alle Bemühungen den Weg zu finden waren vergeblich, und sie priesen sich beyde glücklich, bey der Erleuchtung eines Blitzes eine nahe Höhle an dem steilen Abhang eines waldigen Hügels zu entdecken, wo sie eine sichere Zuflucht gegen die Gefahren des Ungewitters zu finden hof[f]ten, und eine Ruhestätte für ihre erschöpften Kräfte. Das Glück begünstigte ihre Wünsche. Die Höhle war trocken und mit reinlichem Moose bewachsen. Der Jüngling zündete schnell ein Feuer von Reisern und Moos an, woran sie sich trocknen konnten, und die beyden Liebenden sahen sich nun auf eine wunderbare Weise von der Welt entfernt, aus einem gefahrvollen Zustande gerettet, und auf einem bequemen, warmen Lager allein nebeneinander.

Ein wilder Mandelstrauch hing mit Früchten beladen in die Höhle hinein, und ein nahes Rieseln ließ sie frisches Wasser zur Stillung ihres Durstes finden. Die Laute hatte der Jüngling mitgenommen, und sie gewährte ihnen jetzt eine aufheiternde und beruhigende Unterhaltung bey dem knisternden Feuer. Eine höhere Macht schien den Knoten schneller lösen zu wollen, und brachte sie unter sonderbaren Umständen in diese romantische Lage. Die Unschuld ihrer Herzen, die zauberhafte Stimmung ihrer Gemüther, und die verbundene unwiderstehliche Macht ihrer süßen Leidenschaft und ihrer Jugend ließ sie bald die Welt und ihre Verhältnisse vergessen, und wiegte sie unter dem Brautgesange des Sturms und den Hochzeitfackeln der Blitze in den süßesten Rausch ein, der je ein sterbliches Paar beseligt haben mag. Der Anbruch des lichten blauen Morgens war für sie das Erwachen in einer neuen seligen Welt. Ein Strom heißer Thränen, der jedoch bald aus den Augen der Prinzessin hervorbrach, verrieth ihrem Geliebten die erwachenden tausendfachen Bekümmernisse ihres Herzens. Er war in dieser Nacht um mehrere Jahre älter, aus einem Jünglinge zum Manne geworden. Mit überschwenglicher Begeisterung tröstete er seine Geliebte, erinnerte sie an die Heiligkeit der wahrhaften Liebe, und an den hohen Glauben, den sie einflöße, und bat sie, die heiterste Zukunft von dem Schutzgeist ihres Herzens mit Zuversicht zu erwarten. Die Prinzessin fühlte die Wahrheit seines Trostes, und entdeckte ihm, sie sey die Tochter des Königs, und nur bange wegen des Stolzes und der Bekümmernisse ihres Vaters. Nach langen reiflichen Überlegungen wurden sie über die zu fassende Entschließung einig, und der Jüngling machte sich sofort auf den Weg, um seinen Vater aufzusuchen, und diesen mit ihrem Plane bekannt zu machen. Er versprach in kurzem wieder bey ihr zu seyn, und verließ sie beruhigt und in süßen Vorstellungen der künftigen Entwickelung dieser Begebenheiten. Der Jüngling hatte bald seines Vaters Wohnung erreicht, und der Alte war sehr erfreut, ihn unverletzt ankommen zu sehen. Er erfuhr nun die Geschichte und den Plan der Liebenden, und bezeigte sich nach einigem Nachdenken bereitwillig ihn zu unterstützen. Sein Haus lag ziemlich versteckt, und hatte einige unterirdische Zimmer, die nicht leicht aufzufinden waren. Hier sollte die Wohnung der Prinzessin seyn. Sie ward also in der Dämmerung abgeholt, und mit tiefer Rührung von dem Alten empfangen. Sie weinte nachher oft in der Einsamkeit, wenn sie ihres traurigen Vaters gedachte: doch verbarg sie ihren Kummer vor ihrem Geliebten, und sagte es nur dem Alten, der sie freundlich tröstete, und ihr die nahe Rückkehr zu ihrem Vater vorstellte.

Unterdeß war man am Hofe in große Bestürzung gerathen, als Abends die Prinzessin vermißt wurde. Der König war ganz außer sich, und schickte überall Leute aus, sie zu suchen. Kein Mensch wußte sich ihr Verschwinden zu erklären. Keinem kam ein heimliches Liebesverständniß in die Gedanken, und so ahndete man keine Entführung, da ohnedies kein Mensch weiter fehlte. Auch nicht zu der entferntesten Vermuthung war Grund da. Die ausgeschickten Boten kamen unverrichteter Sache zurück, und der König fiel in tiefe Traurigkeit. Nur wenn Abends seine Sänger vor ihn kamen und schöne Lieder mitbrachten, war es, als ließe sich die alte Freude wieder vor ihm blicken; seine Tochter dünkte ihm nah, und er schöpfte Hofnung, sie bald wiederzusehen. War er aber wieder allein, so zerriß es ihm von neuem das Herz und er weinte laut. Dann gedachte er bey sich selbst: Was hilft mir nun alle die Herrlichkeit, und meine hohe Geburt. Nun bin ich doch elender als die andern Menschen. Meine Tochter kann mir nichts ersetzen. Ohne sie sind auch die Gesänge nichts, als leere Worte und Blendwerk. Sie war der Zauber, der ihnen Leben und Freude, Macht und Gestalt gab. Wollt' ich doch lieber, ich wäre der geringste meiner Diener. Dann hätte ich meine Tochter noch; auch wohl einen Eydam dazu und Enkel, die mir auf den Knieen säßen: dann wäre ich ein anderer König, als jetzt. Es ist nicht die Krone und das Reich, was einen König macht. Es ist jenes volle, überfließende Gefühl der Glückseligkeit, der Sättigung mit irdischen Gütern, jenes Gefühl der überschwänglichen Gnüge. So werd' ich nun für meinen Übermuth bestraft. Der Verlust meiner Gattin hat mich noch nicht genug erschüttert. Nun hab' ich auch ein grenzenloses Elend. So klagte der König in den Stunden der heißesten Sehnsucht. Zuweilen brach auch seine alte Strenge und sein Stolz wieder hervor. Er zürnte über seine Klagen; wie ein König wollte er dulden und schweigen. Er meinte dann, er leide mehr, als alle Anderen, und gehöre ein großer Schmerz zum Königthum; aber wenn es dann dämmerte, und er in die Zimmer seiner Tochter trat, und sah ihre Kleider hängen, und ihre kleinern Habseligkeiten stehn, als habe sie eben das Zimmer verlassen: so vergaß er seine Vorsätze, gebehrdete sich wie ein trübseliger Mensch, und rief seine geringsten Diener um Mitleid an. Die ganze Stadt und das ganze Land weinten und klagten von ganzem Herzen mit ihm. Sonderlich war es, daß eine Sage umherging, die Prinzessin lebe noch, und werde bald mit einem Gemahl wiederkommen. Kein Mensch wußte, woher die Sage kam: aber alles hing sich mit frohem Glauben daran, und sah mit ungeduldiger Erwartung ihrer baldigen Wiederkunft entgegen. So vergingen mehrere Monden, bis das Frühjahr wieder herankam. Was gilts, sagten einige in wunderlichem Muthe, nun kommt auch die Prinzessin wieder. Selbst der König ward heitrer und hoffnungsvoller. Die Sage dünkte ihm wie die Verheißung einer gütigen Macht. Die ehemaligen Feste fingen wieder an, und es schien zum völligen Aufblühen der alten Herrlichkeit nur noch die Prinzessin zu fehlen. Eines Abends, da es gerade jährig wurde, daß sie verschwand, war der ganze Hof im Garten versammelt. Die Luft war warm und heiter; ein leiser Wind tönte nur oben in den alten Wipfeln, wie die Ankündigung eines fernen fröhlichen Zuges. Ein mächtiger Springquell stieg zwischen den vielen Fackeln mit zahllosen Lichtern hinauf in die Dunkelheit der tönenden Wipfel, und begleitete mit melodischem Plätschern die mannichfaltigen Gesänge, die unter den Bäumen hervorklangen. Der König saß auf einem köstlichen Teppich, und um ihn her war der Hof in festlichen Kleidern versammelt. Eine zahlreiche Menge erfüllte den Garten, und umgab das prachtvolle Schauspiel. Der König saß eben in tiefen Gedanken. Das Bild seiner verlornen Tochter stand mit ungewöhnlicher Klarheit vor ihm; er gedachte der glücklichen Tage, die um diese Zeit im vergangenen Jahre ein plötzliches Ende nahmen. Eine heiße Sehnsucht übermannte ihn, und es flossen häufige Thränen von seinen ehrwürdigen Wangen; doch empfand er eine ungewöhnliche Heiterkeit. Es dünkte ihm das traurige Jahr nur ein schwerer Traum zu seyn, und er hob die Augen auf, gleichsam um ihre hohe, heilige, entzückende Gestalt unter den Menschen und den Bäumen aufzusuchen. Eben hatten die Dichter geendigt, und eine tiefe Stille schien das Zeichen der allgemeinen Rührung zu seyn, denn die Dichter hatten die Freuden des Wiedersehns, den Frühling und die Zukunft besungen, wie sie die Hoffnung zu schmücken pflegt.

Plötzlich wurde die Stille durch leise Laute einer unbekannten schönen Stimme unterbrochen, die von einer uralten Eiche herzukommen schienen. Alle Blicke richteten sich dahin, und man sah einen Jüngling in einfacher, aber fremder Tracht stehen, der eine Laute im Arm hielt, und ruhig in seinem Gesange fortfuhr, indem er jedoch, wie der König seinen Blick nach ihm wandte, eine tiefe Verbeugung machte. Die Stimme war außerordentlich schön, und der Gesang trug ein fremdes, wunderbares Gepräge. Er handelte von dem Ursprunge der Welt, von der Entstehung der Gestirne, der Pflanzen, Thiere und Menschen, von der allmächtigen Sympathie der Natur, von der uralten goldenen Zeit und ihren Beherrscherinnen, der Liebe und Poesie, von der Erscheinung des Hasses und der Barbarey und ihren Kämpfen mit jenen wohlthätigen Göttinnen, und endlich von dem zukünftigen Triumph der letztern, dem Ende der Trübsale, der Verjüngung der Natur und der Wiederkehr eines ewigen goldenen Zeitalters. Die alten Dichter traten selbst von Begeisterung hingerissen, während des Gesanges näher um den seltsamen Fremdling her. Ein niegefühltes Entzücken ergriff die Zuschauer, und der König selbst fühlte sich wie auf einem Strom des Himmels weggetragen. Ein solcher Gesang war nie vernommen worden, und Alle glaubten, ein himmlisches Wesen sey unter ihnen erschienen, besonders da der Jüngling unterm Singen immer schöner, immer herrlicher, und seine Stimme immer gewaltiger zu werden schien. Die Luft spielte mit seinen goldenen Locken. Die Laute schien sich unter seinen Händen zu beseelen, und sein Blick schien trunken in eine geheimere Welt hinüber zu schauen. Auch die Kinderunschuld und Einfalt seines Gesichts schien allen übernatürlich. Nun war der herrliche Gesang geendigt. Die bejahrten Dichter drückten den Jüngling mit Freudenthränen an ihre Brust. Ein stilles inniges Jauchzen ging durch die Versammlung. Der König kam gerührt auf ihn zu. Der Jüngling warf sich ihm bescheiden zu Füßen. Der König hob ihn auf, umarmte ihn herzlich, und hieß ihn sich eine Gabe ausbitten. Da bat er mit glühenden Wangen den König, noch ein Lied gnädig anzuhören, und dann über seine Bitte zu entscheiden. Der König trat einige Schritte zurück und der Fremdling fing an:

Der Sänger geht auf rauhen Pfaden,
Zerreißt in Dornen sein Gewand;
Er muß durch Fluß und Sümpfe baden,
Und keins reicht hülfreich ihm die Hand.
Einsam und pfadlos fließt in Klagen
Jetzt über sein ermattet Herz;
Er kann die Laute kaum noch tragen,
Ihn übermannt ein tiefer Schmerz.

Ein traurig Loos ward mir beschieden,
Ich irre ganz verlassen hier,
Ich brachte Allen Lust und Frieden,
Doch keiner theilte sie mit mir.
Es wird ein jeder seiner Habe
Und seines Lebens froh durch mich;
Doch weisen sie mit karger Gabe
Des Herzens Forderung von sich.

Man läßt mich ruhig Abschied nehmen,
Wie man den Frühling wandern sieht;
Es wird sich keiner um ihn grämen,
Wenn er betrübt von dannen zieht.
Verlangend sehn sie nach den Früchten,

Und wissen nicht, daß er sie sät;
Ich kann den Himmel für sie dichten,
Doch meiner denkt nicht Ein Gebet.

Ich fühle dankbar Zaubermächte
An diese Lippen festgebannt.
O! knüpfte nur an meine Rechte
Sich auch der Liebe Zauberband.
Es kümmert keine sich des Armen,
Der dürftig aus der Ferne kam;
Welch Herz wird Sein sich noch erbarmen
Und lösen seinen tiefen Gram?

Er sinkt im hohen Grase nieder,
Und schläft mit nassen Wangen ein;
Da schwebt der hohe Geist der Lieder
In die beklemmte Brust hinein:
Vergiß anjetzt, was du gelitten,
In Kurzem schwindet deine Last,
Was du umsonst gesucht in Hütten,
Das wirst du finden im Palast.

Du nahst dem höchsten Erdenlohne,
Bald endigt der verschlungne Lauf;
Der Myrthenkranz wird eine Krone,
Dir setzt die treuste Hand sie auf.
Ein Herz voll Einklang ist berufen
Zur Glorie um einen Thron;
Der Dichter steigt auf rauhen Stufen
Hinan, und wird des Königs Sohn.

So weit war er in seinem Gesange gekommen, und ein sonderbares Erstaunen hatte sich der Versammlung bemächtigt, als während dieser Strophen ein alter Mann mit einer verschleyerten weiblichen Gestalt von edlem Wuchse, die ein wunderschönes Kind auf dem Arme trug, das freundlich in der fremden Versammlung umhersah, und lächelnd nach dem blitzenden Diadem des Königs die kleinen Händchen streckte, zum Vorschein kamen, und sich hinter den Sänger stellten, aber das Staunen wuchs, als plötzlich aus den Gipfeln der alten Bäume, der Lieblingsadler des Königs, den er immer um sich hatte, mit einer goldenen Stirnbinde, die er aus seinen Zimmern entwandt haben mußte, herabflog, und sich auf das Haupt des Jünglings niederließ, so daß die Binde sich um seine Locken schlug. Der Fremdling erschrak einen Augenblick; der Adler flog an die Seite des Königs, und ließ die Binde zurück. Der Jüngling reichte sie dem Kinde, das darnach verlangte, ließ sich auf ein Knie gegen den König nieder, und fuhr in seinem Gesange mit bewegter Stimme fort:

Der Sänger fährt aus schönen Träumen
Mit froher Ungeduld empor;
Er wandelt unter hohen Bäumen
Zu des Pallastes ehrnem Thor.
Die Mauern sind wie Stahl geschliffen,
Doch sie erklimmt sein Lied geschwind,
Es steigt von Lieb' und Weh ergriffen
Zu ihm hinab des Königs Kind.

Die Liebe drückt sie fest zusammen
Der Klang der Panzer treibt sie fort;
Sie lodern auf in süßen Flammen,
Im nächtlich stillen Zufluchtsort.
Sie halten furchtsam sich verborgen,
Weil sie der Zorn des Königs schreckt;
Und werden nun von jedem Morgen
Zu Schmerz und Lust zugleich erweckt.

Der Sänger spricht mit sanften Klängen
Der neuen Mutter Hoffnung ein;
Da tritt, gelockt von den Gesängen
Der König in die Kluft hinein.
Die Tochter reicht in goldnen Locken
Den Enkel von der Brust ihm hin;
Sie sinken reuig und erschrocken,
Und mild zergeht sein strenger Sinn.

Der Liebe weicht und dem Gesange
Auch auf dem Thron ein Vaterherz,
Und wandelt bald in süßem Drange
Zu ewger Lust den tiefen Schmerz.
Die Liebe giebt, was sie entrissen,
Mit reichem Wucher bald zurück,
Und unter den Versöhnungsküssen
Entfaltet sich ein himmlisch Glück.

Geist des Gesangs, komm du hernieder,
Und steh auch jetzt der Liebe bey;
Bring die verlorne Tochter wieder,
Daß ihr der König Vater sey! –
Daß er mit Freuden sie umschließet,
Und seines Enkels sich erbarmt,
Und wenn das Herz ihm überfließet,
Den Sänger auch als Sohn umarmt.

Der Jüngling hob mit bebender Hand bey diesen Worten, die sanft in den dunklen Gängen verhallten, den Schleyer. Die Prinzessin fiel mit einem Strom von Thränen zu den Füßen des Königs, und hielt ihm das schöne Kind hin. Der Sänger kniete mit gebeugtem Haupte an ihrer Seite. Eine ängstliche Stille schien jeden Athem festzuhalten. Der König war einige Augenblicke sprachlos und ernst; dann zog er die Prinzessin an seine Brust, drückte sie lange fest an sich und weinte laut. Er hob nun auch den Jüngling zu sich auf, und umschloß ihn mit herzlicher Zärtlichkeit. Ein helles Jauchzen flog durch die Versammlung, die sich dicht zudrängte. Der König nahm das Kind und reichte es mit rührender Andacht gen Himmel; dann begrüßte er freundlich den Alten. Unendliche Freudenthränen flossen. In Gesänge brachen die Dichter aus, und der Abend ward ein heiliger Vorabend dem ganzen Lande, dessen Leben fortan nur Ein schönes Fest war. Kein Mensch weiß, wo das Land hingekommen ist. Nur in Sagen heißt es, daß Atlantis von mächtigen Fluten den Augen entzogen worden sey.

Viertes Kapitel

Einige Tagereisen waren ohne die mindeste Unterbrechung geendigt. Der Weg war fest und trocken, die Witterung erquickend und heiter, und die Gegenden, durch die sie kamen, fruchtbar, bewohnt und mannichfaltig. Der furchtbare Thüringer Wald lag im Rücken; die Kaufleute hatten den Weg öfterer gemacht, waren überall mit den Leuten bekannt, und erfuhren die gastfreyste Aufnahme. Sie vermieden die abgelegenen und durch Räubereien bekannten Gegenden, und nahmen, wenn sie ja gezwungen waren, solche zu durchreisen, ein hinlängliches Geleite mit. Einige Besitzer benachbarter Bergschlösser standen mit den Kaufleuten in gutem Vernehmen. Sie wurden besucht und bey ihnen nachgefragt, ob sie Bestellungen nach Augsburg zu machen hätten. Eine freundliche Bewirthung ward ihnen zu Theil, und die Frauen und Töchter drängten sich mit herzlicher Neugier um die Fremdlinge. Heinrichs Mutter gewann sie bald durch ihre guthmüthige Bereitwilligkeit und Theilnahme. Man war erfreut eine Frau aus der Residenzstadt zu sehn, die eben so willig die Neuigkeiten der Mode, als die Zubereitung einiger schmackhafter Schüsseln mittheilte. Der junge Ofterdingen ward von Rittern und Frauen wegen seiner Bescheidenheit und seines ungezwungenen milden Betragens gepriesen, und die letztern verweilten gern auf seiner einnehmenden Gestalt, die wie das einfache Wort eines Unbekannten war, das man fast überhört, bis längst nach seinem Abschiede es seine tiefe unscheinbare Knospe immer mehr aufthut, und endlich eine herrliche Blume in allem Farbenglanze dichtverschlungener Blätter zeigt, so daß man es nie vergißt, nicht müde wird es zu wiederholen, und einen unversieglichen immer gegenwärtigen Schatz daran hat. Man besinnt sich nun genauer auf den Unbekannten, und ahndet und ahndet, bis es auf einmal klar wird, daß es ein Bewohner der höhern Welt gewesen sey. – Die Kaufleute erhielten eine große Menge Bestellungen, und man trennte sich gegenseitig mit herzlichen Wünschen, einander bald wieder zu sehn. Auf einem dieser Schlösser, wo sie gegen Abend hinkamen, ging es frölich zu. Der Herr des Schlosses war ein alter Kriegsmann, der die Muße des Friedens, und die Einsamkeit seines Aufenthalts mit öftern Gelagen feyerte und unterbrach, und außer dem Kriegsgetümmel und der Jagd keinen andern Zeitvertreib kannte, als den gefüllten Becher.

Er empfing die Ankommenden mit brüderlicher Herzlichkeit, mitten unter lärmenden Genossen. Die Mutter ward zur Hausfrau geführt. Die Kaufleute und Heinrich mußten sich an die lustige Tafel setzen, wo der Becher tapfer umherging. Heinrichen ward auf vieles Bitten in Rücksicht seiner Jugend das jedesmalige Bescheidthun erlassen, dagegen die Kaufleute sich nicht faul finden, sondern sich den alten Frankenwein tapfer schmekken ließen. Das Gespräch lief über ehmalige Kriegsabentheuer hin. Heinrich hörte mit großer Aufmerksamkeit den neuen Erzählungen zu. Die Ritter sprachen vom heiligen Lande, von den Wundern des heiligen Grabes, von den Abentheuern ihres Zuges, und ihrer Seefahrt, von den Sarazenen, in deren Gewalt einige gerathen gewesen waren, und dem frölichen und wunderbaren Leben im Felde und im Lager. Sie äußerten mit großer Lebhaftigkeit ihren Unwillen, jene himmlische Geburtsstätte der Christenheit noch im frevelhaften Besitz der Ungläubigen zu wissen. Sie erhoben die großen Helden, die sich eine ewige Krone durch ihr tapfres, unermüdliches Bezeigen gegen dieses ruchlose Volk erworben hätten. Der Schloßherr zeigte das kostbare Schwerdt, was er einem Anführer derselben mit eigner Hand abgenommen, nachdem er sein Castell erobert, ihn getödtet, und seine Frau und Kinder zu Gefangenen gemacht, welches ihm der Kayser in seinem Wappen zu führen vergönnet hatte. Alle besahen das prächtige Schwerdt, auch Heinrich nahm es in seine Hand, und fühlte sich von einer kriegerischen Begeisterung ergriffen. Er küßte es mit inbrünstiger Andacht. Die Ritter freuten sich über seinen Antheil. Der Alte umarmte ihn, und munterte ihn auf, auch seine Hand auf ewig der Befreyung des heiligen Grabes zu widmen, und das wunderthätige Kreuz auf seine Schultern befestigen zu lassen. Er war überrascht, und seine Hand schien sich nicht von dem Schwerdte losmachen zu können. Besinne dich, mein Sohn, rief der alte Ritter. Ein neuer Kreuzzug ist vor der Thür. Der Kayser selbst wird unsere Schaaren in das Morgenland führen. Durch ganz Europa schallt von neuem der Ruf des Kreuzes, und heldenmüthige Andacht regt sich aller Orten. Wer weiß, ob wir nicht übers Jahr in der großen weltherrlichen Stadt Jerusalem als frohe Sieger bey einander sitzen, und uns bey vaterländischem Wein an unsere Heymath erinnern. Du kannst auch bey mir ein morgenländisches Mädgen sehn. Sie dünken uns Abendländern gar anmuthig, und wenn du das Schwerdt gut zu führen verstehst, so kann es dir an schönen Gefangenen nicht fehlen. Die Ritter sangen mit lauter Stimme den Kreuzgesang, der damals in ganz Europa gesungen wurde:

Das Grab steht unter wilden Heyden;
Das Grab, worinn der Heyland lag,
Muß Frevel und Verspottung leiden
Und wird entheiligt jeden Tag.
Es klagt heraus mit dumpfer Stimme:
Wer rettet mich von diesem Grimme!

Wo bleiben seine Heldenjünger?
Verschwunden ist die Christenheit!
Wer ist des Glaubens Wiederbringer?
Wer nimmt das Kreuz in dieser Zeit?
Wer bricht die schimpflichsten der Ketten,
Und wird das heil'ge Grab erretten?

Gewaltig geht auf Land und Meeren
In tiefer Nacht ein heil'ger Sturm;
Die trägen Schläfer aufzustören,
Umbraust er Lager, Stadt und Thurm,
Ein Klaggeschrey um alle Zinnen:
Auf, träge Christen, zieht von hinnen.

Es lassen Engel aller Orten
Mit ernstem Antlitz stumm sich sehn,
Und Pilger sieht man vor den Pforten
mit kummervollen Wangen stehn;
Sie klagen mit den bängsten Tönen
Die Grausamkeit der Sarazenen.

Es bricht ein Morgen, roth und trübe,
Im weiten Land der Christen an.

Der Schmerz der Wehmuth und der Liebe
Verkündet sich bey Jedermann.
Ein jedes greift nach Kreuz und Schwerdte
Und zieht entflammt von seinem Heerde.

Ein Feuereifer tobt im Heere,
Das Grab des Heylands zu befreyn.
Sie eilen frölich nach dem Meere,
Um bald auf heil'gem Grund zu seyn.
Auch Kinder kommen noch gelaufen
Und mehren den geweihten Haufen.

Hoch weht das Kreuz im Siegspaniere,
Und alte Helden stehn voran.
Des Paradieses sel'ge Thüre
Wird frommen Kriegern aufgethan;
Ein jeder will das Glück genießen
Sein Blut für Christus zu vergießen.

Zum Kampf ihr Christen! Gottes Schaaren
Ziehn mit in das gelobte Land.
Bald wird der Heyden Grimm erfahren
Des Christengottes Schreckenshand.
Wir waschen bald in frohem Muthe
Das heilige Grab mit Heydenblute.

Die heil'ge Jungfrau schwebt, getragen
Von Engeln, ob der wilden Schlacht,
Wo jeder, den das Schwerdt geschlagen,
In ihrem Mutterarm erwacht.
Sie neigt sich mit verklärter Wange
Herunter zu dem Waffenklange.

Hinüber zu der heilgen Stätte!
Des Grabes dumpfe Stimme tönt!
Bald wird mit Sieg und mit Gebete
Die Schuld der Christenheit versöhnt!
Das Reich der Heyden wird sich enden,
Ist erst das Grab in unsern Händen.

Heinrichs ganze Seele war in Aufruhr, das Grab kam ihm wie eine bleiche, edle, jugendliche Gestalt vor, die auf einem großen Stein mitten unter wildem Pöbel säße, und auf eine entsetzliche Weise gemißhandelt würde, als wenn sie mit kummervollen Gesichte nach einem Kreuze blicke, was im Hintergrunde mit lichten Zügen schimmerte, und sich in den bewegten Wellen eines Meeres unendlich vervielfältigte.

Seine Mutter schickte eben herüber, um ihn zu holen, und der Hausfrau des Ritters vorzustellen. Die Ritter waren in ihr Gelag und ihre Vorstellungen des bevorstehenden Zuges vertieft, und bemerkten nicht, daß Heinrich sich entfernte. Er fand seine Mutter in traulichem Gespräch mit der alten, gutmüthigen Frau des Schlosses, die ihn freundlich bewillkommte. Der Abend war heiter; die Sonne begann sich zu neigen, und Heinrich, der sich nach Einsamkeit sehnte, und von der goldenen Ferne gelockt wurde, die durch die engen, tiefen Bogenfenster in das düstre Gemach hineintrat, erhielt leicht die Erlaubniß, sich außerhalb des Schlosses besehen zu dürfen. Er eilte ins Freye, sein ganzes Gemüth war rege, er sah von der Höhe des alten Felsen zunächst in das waldige Thal, durch das ein Bach herunterstürzte und einige Mühlen trieb, deren Geräusch man kaum aus der gewaltigen Tiefe vernehmen konnte, und dann in eine unabsehliche Ferne von Bergen, Wäldern und Niederungen, und seine innere Unruhe wurde besänftigt. Das kriegerische Getümmel verlor sich, und es blieb nur eine klare bilderreiche Sehnsucht zurück. Er fühlte, daß ihm eine Laute mangelte, so wenig er auch wußte, wie sie eigentlich gebaut sey, und welche Wirkung sie hervorbringe. Das heitere Schauspiel des herrlichen Abends wiegte ihn in sanfte Fantasieen: die Blume seines Herzens ließ sich zuweilen, wie ein Wetterleuchten in ihm sehn. – Er schweifte durch das wilde Gebüsch und kletterte über bemooste Felsenstücke, als auf einmal aus einer nahen Tiefe ein zarter eindringender Gesang einer weiblichen Stimme von wunderbaren Tönen begleitet, erwachte. Es war ihm gewiß, daß es eine Laute sey; er blieb verwunderungsvoll stehen, und hörte in gebrochner deutscher Aussprache folgendes Lied:

Bricht das matte Herz noch immer
Unter fremdem Himmel nicht?
Kommt der Hoffnung bleicher Schimmer
Immer mir noch zu Gesicht?
Kann ich wohl noch Rückkehr wähnen?
Stromweis stürzen meine Thränen,
Bis mein Herz in Kummer bricht.

Könnt ich dir die Myrthen zeigen
Und der Zeder dunkles Haar!
Führen dich zum frohen Reigen
Der geschwisterlichen Schaar!
Sähst du im gestickten Kleide,
Stolz im köstlichen Geschmeide
Deine Freundinn, wie sie war.

Edle Jünglinge verneigen
Sich mit heißem Blick vor ihr;
Zärtliche Gesänge steigen
Mit dem Abendstern zu mir.
Dem Geliebten darf man trauen;
Ewge Lieb' und Treu den Frauen,
Ist der Männer Losung hier.

Hier, wo um krystallne Quellen
Liebend sich der Himmel legt,
Und mit heißen Balsamwellen
Um den Hayn zusammenschlägt,
Der in seinen Lustgebieten,
Unter Früchten, unter Blüthen
Tausend bunte Sänger hegt.

Fern sind jene Jugendträume!
Abwärts liegt das Vaterland!
Längst gefällt sind jene Bäume,
Und das alte Schloß verbrannt.
Fürchterlich, wie Meereswogen
Kam ein rauhes Heer gezogen,
Und das Paradies verschwand.

Fürchterliche Gluten flossen
In die blaue Luft empor,
Und es drang auf stolzen Rossen
Eine wilde Schaar ins Thor.
Säbel klirrten, unsre Brüder,
Unser Vater kam nicht wieder,
Und man riß uns wild hervor.

Meine Augen wurden trübe;
Fernes, mütterliches Land,
Ach! sie bleiben dir voll Liebe
Und voll Sehnsucht zugewandt!
Wäre nicht dies Kind vorhanden,
Längst hätt' ich des Lebens Banden
Aufgelöst mit kühner Hand.

Heinrich hörte das Schluchzen eines Kindes und eine tröstende Stimme. Er stieg tiefer durch das Gebüsch hinab, und fand ein bleiches, abgehärmtes Mädchen unter einer alten Eiche sitzen. Ein schönes Kind hing weinend an ihrem Halse, auch ihre Thränen flossen, und eine Laute lag neben ihr auf dem Rasen. Sie erschrack ein wenig, als sie den fremden Jüngling erblickte, der mit wehmüthigem Gesicht sich ihr näherte.

Ihr habt wohl meinen Gesang gehört, sagte sie freundlich. Euer Gesicht dünkt mir bekannt, laßt mich besinnen – Mein Gedächtniß ist schwach geworden, aber euer Anblick erweckt in mir eine sonderbare Erinnerung aus frohen Zeiten. O! mir ist, als glicht ihr einem meiner Brüder, der noch vor unserm Unglück von uns schied, und nach Persien zu einem berühmten Dichter zog. Vielleicht lebt er noch, und besingt traurig das Schicksal seiner Geschwister. Wüßt ich nur noch einige seiner herrlichen Lieder, die er uns hinterließ! Er war edel und zärtlich, und kannte kein größeres Glück als seine Laute. Das Kind war ein Mädchen von zehn bis zwölf Jahren, das den fremden Jüngling aufmerksam betrachtete und sich fest an den Busen der unglücklichen Zulima schmiegte. Heinrichs Herz war von Mitleid durchdrungen; er tröstete die Sängerin mit freundlichen Worten, und bat sie, ihm umständlicher ihre Geschichte zu erzählen. Sie schien es nicht ungern zu thun. Heinrich setzte sich ihr gegenüber und vernahm ihre von häufigen Thränen unterbrochne Erzählung. Vorzüglich hielt sie sich bei dem Lobe ihrer Landsleute und ihres Vaterlandes auf. Sie schilderte den Edelmuth derselben, und ihre reine starke Empfänglichkeit für die Poesie des Lebens und die wunderbare, geheimnißvolle Anmuth der Natur. Sie beschrieb die romantischen Schönheiten der fruchtbaren Arabischen Gegenden, die wie glückliche Inseln in unwegsamen Sandwüsteneien lägen, wie Zufluchtsstätte der Bedrängten und Ruhebedürftigen, wie Kolonien des Paradieses, voll frischer Quellen, die über dichten Rasen und funkelnde Steine durch alte, ehrwürdige Haine rieselten, voll bunter Vögel mit melodischen Kehlen und anziehend durch mannichfaltige Überbleibsel ehemaliger denkwürdiger Zeiten. Ihr würdet mit Verwunderung, sagte sie, die buntfarbigen, hellen, seltsamen Züge und Bilder auf den alten Steinplatten sehn. Sie scheinen so bekannt und nicht ohne Ursach so wohl erhalten zu seyn. Man sinnt und sinnt, einzelne Bedeutungen ahnet man, und wird um so begieriger, den tiefsinnigen Zusammenhang dieser uralten Schrift zu errathen. Der unbekannte Geist derselben erregt ein ungewöhnliches Nachdenken, und wenn man auch ohne den gewünschten Fund von dannen geht, so hat man doch tausend merkwürdige Entdeckungen in sich selbst gemacht, die dem Leben einen neuen Glanz und dem Gemüth eine lange, belohnende Beschäftigung geben. Das Leben auf einem längst bewohnten und ehemals schon durch Fleiß, Thätigkeit und Neigung verherrlichten Boden hat einen besondern Reiz. Die Natur scheint dort menschlicher und verständlicher geworden, eine dunkle Erinnerung unter der durchsichtigen Gegenwart wirft die Bilder der Welt mit scharfen Umrissen zurück, und so genießt man eine doppelte Welt, die eben dadurch das Schwere und Gewaltsame verliert und die zauberische Dichtung und Fabel unserer Sinne wird. Wer weiß, ob nicht auch ein unbegreiflicher Einfluß der ehemaligen, jetzt unsichtbaren Bewohner mit ins Spiel kommt, und vielleicht ist es dieser dunkle Zug, der die Menschen aus neuen Gegenden, sobald eine gewisse Zeit ihres Erwachens kömmt, mit so zerstörender Ungeduld nach der alten Heymath ihres Geschlechts treibt, und sie Gut und Blut an den Besitz dieser Länder zu wagen anregt. Nach einer Pause fuhr sie fort: Glaubt ja nicht, was man euch von den Grausamkeiten meiner Landsleute erzählt hat. Nirgends wurden Gefangene großmüthiger behandelt, und auch eure Pilger nach Jerusalem wurden mit Gastfreundschaft aufgenommen, nur daß sie selten derselben werth waren. Die Meisten waren nichtsnutzige, böse Menschen, die ihre Wallfahrten mit Bubenstücken bezeichneten, und dadurch freylich oft gerechter Rache in die Hände fielen. Wie ruhig hätten die Christen das heilige Grab besuchen können, ohne nöthig zu haben, einen fürchterlichen, unnützen Krieg anzufangen, der alles erbittert, unendliches Elend verbreitet, und auf immer das Morgenland von Europa getrennt hat. Was lag an dem Namen des Besitzers? Unsere Fürsten ehrten andachtsvoll das Grab eures Heiligen, den auch wir für einen göttlichen Profeten halten; und wie schön hätte sein heiliges Grab die Wiege eines glücklichen Einverständnisses, der Anlaß ewiger wohlthätiger Bündnisse werden können.

Der Abend war unter ihren Gesprächen herbeygekommen. Es fing an Nacht zu werden, und der Mond hob sich aus dem feuchten Walde mit beruhigendem Glanze herauf. Sie stiegen langsam nach dem Schlosse; Heinrich war voll Gedanken, die kriegerische Begeisterung war gänzlich verschwunden. Er merkte eine wunderliche Verwirrung in der Welt; der Mond zeigte ihm das Bild eines tröstenden Zuschauers und erhob ihn über die Unebenheiten der Erdoberfläche, die in der Höhe so unbeträchtlich erschienen, so wild und unersteiglich sie auch dem Wanderer vorkamen. Zulima ging still neben ihm her, und führte das Kind. Heinrich trug die Laute. Er suchte die sinkende Hoffnung seiner Begleiterinn, ihr Vaterland dereinst wieder zu sehn, zu beleben, indem er innerlich einen heftigen Beruf fühlte, ihr Retter zu seyn, ohne zu wissen, auf welche Art es geschehen könne. Eine besondere Kraft schien in seinen einfachen Worten zu liegen, denn Zulima empfand eine ungewohnte Beruhigung und dankte ihm für seine Zusprache auf die rührendste Weise. Die Ritter waren noch bey ihren Bechern und die Mutter in häuslichen Gesprächen. Heinrich hatte keine Lust in den lärmenden Saal zurückzugehn. Er fühlte sich müde, und begab sich bald mit seiner Mutter in das angewiesene Schlafgemach. Er erzählte ihr vor dem Schlafengehn, was ihm begegnet sey, und schlief bald zu unterhaltenden Träumen ein. Die Kaufleute hatten sich auch zeitig fortbegeben, und waren früh wieder munter. Die Ritter lagen in tiefer Ruhe, als sie abreisten; die Hausfrau aber nahm zärtlichen Abschied. Zulima hatte wenig geschlafen, eine innere Freude hatte sie wach erhalten; sie erschien beym Abschiede, und bediente die Reisenden demüthig und emsig. Als sie Abschied nahmen brachte sie mit vielen Thränen ihre Laute zu Heinrich, und bat mit rührender Stimme, sie zu Zulimas Andenken mitzunehmen. Es war meines Bruders Laute, sagte sie, der sie mir beym Abschied schenkte; es ist das einzige Besitzthum, was ich gerettet habe. Sie schien euch gestern zu gefallen, und ihr laßt mir ein unschätzbares Geschenk zurück, süße Hoffnung. Nehmt dieses geringe Zeichen meiner Dankbarkeit, und laßt es ein Pfand eures Andenkens an die arme Zulima seyn. Wir werden uns gewiß wiedersehn, und dann bin ich vielleicht glücklicher. Heinrich weinte; er weigerte sich, diese ihr so unentbehrliche Laute anzunehmen: gebt mir, sagte er, das goldene Band mit den unbekannten Buchstaben aus euren Haaren, wenn es nicht ein Andenken eurer Eltern oder Geschwister ist, und nehmt dagegen einen Schleyer an, den mir meine Mutter gern abtreten wird. Sie wich endlich seinem Zureden und gab ihm das Band, indem sie sagte: Es ist mein Name in den Buchstaben meiner Muttersprache, den ich in bessern Zeiten selbst in dieses Band gestickt habe. Betrachtet es gern, und denkt, daß es eine lange, kummervolle Zeit meine Haare festgehalten hat, und mit seiner Besitzerin verbleicht ist. Heinrichs Mutter zog den Schleyer heraus, und reichte ihr ihn hin, indem sie sie an sich zog und weinend umarmte. –

Fünftes Kapitel

Nach einigen Tagereisen kamen sie an ein Dorf, am Fuße einiger spitzen Hügel, die von tiefen Schluchten unterbrochen waren. Die Gegend war übrigens fruchtbar und angenehm, ohngeachtet die Rücken der Hügel ein todtes, abschreckendes Ansehn hatten. Das Wirthshaus war reinlich, die Leute bereitwillig, und eine Menge Menschen, theils Reisende, theils bloße Trinkgäste, saßen in der Stube, und unterhielten sich von allerhand Dingen.

Unsre Reisenden gesellten sich zu ihnen, und mischten sich in die Gespräche. Die Aufmerksamkeit der Gesellschaft war vorzüglich auf einen alten Mann gerichtet, der in fremder Tracht an einem Tische saß, und freundlich die neugierigen Fragen beantwortete, die an ihn geschahen. Er kam aus fremden Landen, hatte sich heute früh die Gegend umher genau betrachtet, und erzählte nun von seinem Gewerbe und seinen heutigen Entdeckungen. Die Leute nannten ihn einen Schatzgräber. Er sprach aber sehr bescheiden von seinen Kenntnissen und seiner Macht, doch trugen seine Erzählungen das Gepräge der Seltsamkeit und Neuheit. Er erzählte, daß er aus Böhmen gebürtig sey. Von Jugend auf habe er eine heftige Neugierde gehabt zu wissen, was in den Bergen verborgen seyn müsse, wo das Wasser in den Quellen herkomme, und wo das Gold und Silber und die köstlichen Steine gefunden würden, die den Menschen so unwiderstehlich an sich zögen. Er habe in der nahen Klosterkirche oft diese festen Lichter an den Bildern und Reliquien betrachtet, und nur gewünscht, daß sie zu ihm reden könnten, um ihm von ihrer geheimnißvollen Herkunft zu erzählen. Er habe wohl zuweilen gehört, daß sie aus weit entlegenen Ländern kämen; doch habe er immer gedacht, warum es nicht auch in diesen Gegenden solche Schätze und Kleinodien geben könne. Die Berge seyen doch nicht umsonst so weit im Umfange und erhaben und so fest verwahrt; auch habe es ihm verdünkt, wie wenn er zuweilen auf den Gebirgen glänzende und flimmernde Steine gefunden hätte. Er sey fleißig in den Felsenritzen und Höhlen umhergeklettert, und habe sich mit unaussprechlichem Vergnügen in diesen uralten Hallen und Gewölben umgesehn. – Endlich sey ihm einmal ein Reisender begegnet, der zu ihm gesagt, er müsse ein Bergmann werden, da könne er die Befriedigung seiner Neugier finden. In Böhmen gäbe es Bergwerke. Er solle nur immer an dem Flusse hinuntergehn, nach zehn bis zwölf Tagen werde er in Eula seyn, und dort dürfe er nur sprechen, daß er gern ein

Bergmann werden wolle. Er habe sich dies nicht zweymal sagen lassen, und sich gleich den andern Tag auf den Weg gemacht. Nach einem beschwerlichen Gange von mehreren Tagen, fuhr er fort, kam ich nach Eula. Ich kann euch nicht sagen, wie herrlich mir zu Muthe ward, als ich von einem Hügel die Haufen von Steinen erblickte, die mit grünen Gebüschen durchwachsen waren, auf denen breterne Hütten standen, und als ich aus dem Thal unten die Rauchwolken über den Wald heraufziehn sah. Ein fernes Getöse vermehrte meine Erwartungen, und mit unglaublicher Neugierde und voll stiller Andacht stand ich bald auf einem solchen Haufen, den man Halde nennt, vor den dunklen Tiefen, die im Innern der Hütten steil in den Berg hineinführten. Ich eilte nach dem Thale und begegnete bald einigen schwarzgekleideten Männern mit Lampen, die ich nicht mit Unrecht für Bergleute hielt, und mit schüchterner Ängstlichkeit ihnen mein Anliegen vortrug. Sie hörten mich freundlich an, und sagten mir, daß ich nur hinunter nach den Schmelzhütten gehn und nach dem Steiger fragen sollte, welcher den Anführer und Meister unter ihnen vorstellt; dieser werde mir Bescheid geben, ob ich angenommen werden möge. Sie meynten, daß ich meinen Wunsch wohl erreichen würde, und lehrten mich den üblichen Gruß »Glück auf« womit ich den Steiger anreden sollte. Voll fröhlicher Erwartungen setzte ich meinen Weg fort, und konnte nicht aufhören, den neuen bedeutungsvollen Gruß mir beständig zu wiederholen. Ich fand einen alten, ehrwürdigen Mann, der mich mit vieler Freundlichkeit empfing, und nachdem ich ihm meine Geschichte erzählt, und ihm meine große Lust, seine seltne, geheimnißvolle Kunst zu erlernen, bezeugt hatte, bereitwillig versprach, mir meinen Wunsch zu gewähren. Ich schien ihm zu gefallen, und er behielt mich in seinem Hause. Den Augenblick konnte ich kaum erwarten, wo ich in die Grube fahren und mich in der reitzenden Tracht sehn würde. Noch denselben Abend brachte er mir ein Grubenkleid, und erklärte mir den Gebrauch einiger Werkzeuge, die in einer Kammer aufbewahrt waren.

Abends kamen Bergleute zu ihm, und ich verfehlte kein Wort von ihren Gesprächen, so unverständlich und fremd mir sowohl die Sprache, als der größte Theil des Inhalts ihrer Erzählungen vorkam. Das wenige jedoch, was ich zu begreifen glaubte, erhöhte die Lebhaftigkeit meiner Neugierde, und beschäftigte mich des Nachts in seltsamen Träumen. Ich erwachte bey Zeiten und fand mich bey meinem neuen Wirthe ein, bey dem sich allmählich die Bergleute versammelten, um seine Verordnungen zu vernehmen. Eine Nebenstube war zu einer kleinen Kapelle vorgerichtet. Ein Mönch erschien und las eine Messe, nachher sprach er ein feyerliches Gebet, worinn er den Himmel anrief, die Bergleute in seine heilige Obhut zu nehmen, sie bey ihren gefährlichen Arbeiten zu unterstützen, vor Anfechtungen und Tücken böser Geister sie zu schützen, und ihnen reiche Anbrüche zu bescheeren. Ich hatte nie mit mehr Inbrunst gebetet, und nie die hohe Bedeutung der Messe lebhafter empfunden. Meine künftigen Genossen kamen mir wie unterirdische Helden vor, die tausend Gefahren zu überwinden hätten, aber auch ein beneidenswerthes Glück an ihren wunderbaren Kenntnissen besäßen, und in dem ernsten, stillen Umgange mit den uralten Felsensöhnen der Natur, in ihren dunklen, wunderbaren Kammern, zum Empfängniß himmlischer Gaben und zur freudigen Erhebung über die Welt und ihre Bedrängnisse ausgerüstet würden. Der Steiger gab mir nach geendigtem Gottesdienst eine Lampe und ein kleines hölzernes Krucifix, und ging mit mir nach dem Schachte, wie wir die schroffen Eingänge in die unterirdischen Gebäude zu nennen pflegen. Er lehrte mich die Art des Hinabsteigens, machte mich mit den nothwendigen Vorsichtigkeitsregeln, so wie mit den Namen der mannichfaltigen Gegenstände und Theile bekannt. Er fuhr voraus, und schurrte auf den runden Balken hinunter, indem er sich mit der einen Hand an einem Seil anhielt, das in einem Knoten an einer Seitenstange fortglitschte, und mit der andern die brennende Lampe trug; ich folgte seinem Beispiel, und wir gelangten so mit ziemlicher Schnelle bald in eine beträchtliche Tiefe. Mir war seltsam feyerlich zu Muthe, und das vordere Licht funkelte wie ein glücklicher Stern, der mir den Weg zu den verborgenen Schatzkammern der Natur zeigte. Wir kamen unten in einen Irrgarten von Gängen, und mein freundlicher Meister ward nicht müde meine neugierigen Fragen zu beantworten, und mich über seine Kunst zu unterrichten. Das

Rauschen des Wassers, die Entfernung von der bewohnten Oberfläche, die Dunkelheit und Verschlungenheit der Gänge, und das entfernte Geräusch der arbeitenden Bergleute ergötzte mich ungemein, und ich fühlte nun mit Freuden mich im vollen Besitz dessen, was von jeher mein sehnlichster Wunsch gewesen war. Es läßt sich auch diese volle Befriedigung eines angebornen Wunsches, diese wundersame Freude an Dingen, die ein näheres Verhältniß zu unserm geheimen Daseyn haben mögen, zu Beschäftigungen, für die man von der Wiege an bestimmt und ausgerüstet ist, nicht erklären und beschreiben. Vielleicht daß sie jedem Andern gemein, unbedeutend und abschreckend vorgekommen wären; aber mir schienen sie so unentbehrlich zu seyn, wie die Luft der Brust und die Speise dem Magen. Mein alter Meister freute sich über meine innige Lust, und verhieß mir, daß ich bey diesem Fleiße und dieser Aufmerksamkeit es weit bringen, und ein tüchtiger Bergmann werden würde. Mit welcher Andacht sah ich zum erstenmal in meinem Leben am sechzehnten März, vor nunmehr fünf und vierzig Jahren, den König der Metalle in zarten Blättchen zwischen den Spalten des Gesteins. Es kam mir vor, als sey er hier wie in festen Gefängnissen eingesperrt und glänze freundlich dem Bergmann entgegen, der mit soviel Gefahren und Mühseligkeiten sich den Weg zu ihm durch die starken Mauern gebrochen, um ihn an das Licht des Tages zu fördern, damit er an königlichen Kronen und Gefäßen und an heiligen Reliquien zu Ehren gelangen, und in geachteten und wohlverwahrten Münzen, mit Bildnissen geziert, die Welt beherrschen und leiten möge. Von der Zeit an blieb ich in Eula, und stieg allmählich bis zum Häuer, welches der eigentliche Bergmann ist, der die Arbeiten auf dem Gestein betreibt, nachdem ich anfänglich bey der Ausförderung der losgehauenen Stufen in Körben angestellt gewesen war.

Der alte Bergmann ruhte ein wenig von seiner Erzählung aus, und trank, indem ihm seine aufmerksamen Zuhörer ein fröliches Glück auf zubrachten. Heinrichen erfreuten die Reden des alten Mannes ungemein, und er war sehr geneigt noch mehr von ihm zu hören.

Die Zuhörer unterhielten sich von den Gefahren und Seltsamkeiten des Bergbaus, und erzählten wunderbare Sagen, über die der Alte oft lächelte, und freundlich ihre sonderbaren Vorstellungen zu berichtigen bemüht war.

Nach einer Weile sagte Heinrich: Ihr mögt seitdem viel seltsame Dinge gesehn und erfahren haben; hoffentlich hat euch nie eure gewählte Lebensart gereut? Wärt ihr nicht so gefällig und erzähltet uns, wie es euch seit dem ergangen, und auf welcher Reise ihr jetzt beegriffen seyd? Es scheint, als hättet ihr euch weiter in der Welt umgesehn, und gewiß darf ich vermuthen, daß ihr jetzt mehr als einen gemeinen Bergmann vorstellt. Es ist mir selber lieb, sagte der Alte, mich der verflossenen Zeiten zu erinnern, in denen ich Anläße finde, mich der göttlichen Barmherzigkeit und Güte zu erfreun. Das Geschick hat mich durch ein frohes und heitres Leben geführt, und es ist kein Tag vorübergegangen, an welchem ich mich nicht mit dankbarem Herzen zur Ruhe gelegt hätte. Ich bin immer glücklich in meinen Verrichtungen gewesen, und unser aller Vater im Himmel hat mich vor dem Bösen behütet, und in Ehren grau werden lassen. Nächst ihm habe ich alles meinem alten Meister zu verdanken, der nun lange zu seinen Vätern versammelt ist, und an den ich nie ohne Thränen denken kann. Er war ein Mann aus der alten Zeit nach dem Herzen Gottes. Mit tiefen Einsichten war er begabt, und doch kindlich und demüthig in seinem Thun. Durch ihn ist das Bergwerk in großen Flor gekommen, und hat dem Herzoge von Böhmen zu ungeheuren Schätzen verholfen. Die ganze Gegend ist dadurch bevölkert und wohlhabend, und ein blühendes Land geworden. Alle Bergleute verehrten ihren Vater in ihm, und solange Eula steht, wird auch sein Name mit Rührung und Dankbarkeit genannt werden. Er war seiner Geburt nach ein Lausitzer und hieß Werner. Seine einzige Tochter war noch ein Kind, wie ich zu ihm ins Haus kam. Meine Ämsigkeit, meine Treue, und meine leidenschaftliche Anhänglichkeit an ihn, gewannen mir seine Liebe mit jedem Tage mehr. Er gab mir seinen Namen und machte mich zu seinem Sohne. Das kleine Mädchen ward nach gerade ein wackres, muntres Geschöpf, deren Gesicht so freundlich glatt und weiß war, wie ihr Gemüth. Der Alte sagte mir oft, wenn er sah, daß sie mir zugethan war, daß ich gern mit ihr schäkerte, und kein Auge von den ihrigen verwandte, die so blau und offen, wie der Himmel waren, und wie die Krystalle glänzten: wenn ich ein rechtlicher Bergmann werden würde, wolle er sie mir nicht versagen; und er hielt Wort. – Den Tag, wie ich Häuer wurde, legte er seine Hände auf uns und segnete uns als Braut und Bräutigam ein, und wenig Wochen darauf führte ich sie als meine Frau auf meine Kammer. Denselben Tag hieb ich in der Frühschicht noch als Lehrhäuer, eben wie die Sonne oben aufging, eine reiche Ader an. Der Herzog schickte mir eine goldene Kette mit seinem Bildniß auf einer großen Münze, und versprach mir den Dienst meines Schwiegervaters. Wie glücklich war ich, als ich sie am Hochzeitstage meiner Braut um den Hals hängen konnte, und Aller Augen auf sie gerichtet waren. Unser alte[r] Vater erlebte noch einige muntre Enkel, und die Anbrüche seines Herbstes waren reicher, als er gedacht hatte. Er konnte mit Freudigkeit seine Schicht beschließen, und aus der dunklen Grube dieser Welt fahren, um in Frieden auszuruhen, und den großen Lohntag zu erwarten.

Herr, sagte der Alte, indem er sich zu Heinrichen wandte, und einige Thränen aus den Augen trocknete, der Bergbau muß von Gott gesegnet werden! denn es giebt keine Kunst, die ihre Theilhaber glücklicher und edler machte, die mehr den Glauben an eine himmlische Weisheit und Fügung erweckte, und die Unschuld und Kindlichkeit des Herzens reiner erhielte, als der Bergbau. Arm wird der Bergmann geboren, und arm gehet er wieder dahin. Er begnügt sich zu wissen, wo die metallischen Mächte gefunden werden, und sie zu Tage zu fördern; aber ihr blendender Glanz vermag nichts über sein lautres Herz. Unentzündet von gefährlichem Wahnsinn, freut er sich mehr über ihre wunderlichen Bildungen, und die Seltsamkeiten ihrer Herkunft und ihrer Wohnungen, als über ihren alles verheißenden Besitz. Sie haben für ihn keinen Reiz mehr, wenn sie Waaren geworden sind, und er sucht sie lieber unter tausend Gefahren und Mühseligkeiten in den Vesten der Erde, als daß er ihrem Rufe in die Welt folgen, und auf der Oberfläche des Bodens durch täuschende, hinterlistige Künste nach ihnen trachten sollte. Jene Mühseligkeiten erhalten sein Herz frisch und seinen Sinn wacker; er genießt seinen kärglichen Lohn mit inniglichem Danke, und steigt jeden Tag mit verjüngter Lebensfreude aus den dunklen Grüften seines Berufs. Nur Er kennt die Reize des Lichts und der Ruhe, die Wohlthätigkeit der freyen Luft und Aussicht um sich her; nur ihm schmeckt Trank und Speise recht erquicklich und andächtig, wie der Leib des Herrn; und mit welchem liebevollen und empfänglichen Gemüth tritt er nicht unter seines Gleichen, oder herzt seine Frau und Kinder, und ergötzt sich dankbar an der schönen Gabe des traulichen Gesprächs!

Sein einsames Geschäft sondert ihn vom Tage und dem Umgange mit Menschen einen großen Theil seines Lebens ab. Er gewöhnt sich nicht zu einer stumpfen Gleichgültigkeit gegen diese überirdischen tiefsinnigen Dinge und behält die kindliche Stimmung, in der ihm alles mit seinem eigenthümlichsten Geiste und in seiner ursprünglichen bunten Wunderbarkeit erscheint. Die Natur will nicht der ausschließliche Besitz eines Einzigen seyn. Als Eigenthum verwandelt sie sich in ein böses Gift, was die Ruhe verscheucht, und die verderbliche Lust, alles in diesen Kreis des Besitzers zu ziehn, mit einem Gefolge von unendlichen Sorgen und wilden Leidenschaften herbeylockt. So untergräbt sie heimlich den Grund des Eigenthümers, und begräbt ihn bald in den einbrechenden Abgrund, um aus Hand in Hand zu gehen, und so ihre Neigung, Allen anzugehören, allmählich zu befriedigen.

Wie ruhig arbeitet dagegen der arme genügsame Bergmann in seinen tiefen Einöden, entfernt von dem unruhigen Tumult des Tages, und einzig von Wißbegier und Liebe zur Eintracht beseelt. Er gedenkt in seiner Einsamkeit mit inniger Herzlichkeit seiner Genossen und seiner Familie, und fühlt immer erneuert die gegenseitige Unentbehrlichkeit und Blutsverwandtschaft der Menschen. Sein Beruf lehrt ihn unermüdliche Geduld, und läßt nicht zu, daß sich seine Aufmerksamkeit in unnütze Gedanken zerstreue. Er hat mit einer wunderlichen harten und unbiegsamen Macht zu thun, die nur durch hartnäckigen Fleiß und beständige Wachsamkeit zu überwinden ist. Aber welches köstliche Gewächs blüht ihm auch in diesen schauerlichen Tiefen, das wahrhafte Vertrauen zu seinem himmlischen Vater, dessen Hand und Vorsorge ihm alle Tage in unverkennbaren Zeichen sichtbar wird. Wie unzähliche mal habe ich nicht vor Ort gesessen, und bey dem Schein meiner Lampe das schlichte Krucifix mit der innigsten Andacht betrachtet! da habe ich erst den heiligen Sinn dieses räthselhaften Bildnisses recht gefaßt, und den edelsten Gang meines Herzens erschürft, der mir eine ewige Ausbeute gewährt hat.

Der Alte fuhr nach einer Weile fort und sagte: Wahrhaftig, das muß ein göttlicher Mann gewesen seyn, der den Menschen zuerst die edle Kunst des Bergbaus gelehrt, und in dem Schooße der Felsen dieses ernste Sinnbild des menschlichen Lebens verborgen hat. Hier ist der Gang mächtig und gebräch, aber arm, dort drückt ihn der Felsen in eine armselige, unbedeutende Kluft zusammen, und gerade hier brechen die edelsten Geschicke ein. Andre Gänge verunedlen ihn, bis sich ein verwandter Gang freundlich mit ihm schaart, und seinen Werth unendlich erhöht. Oft zerschlägt er sich vor dem Bergmann in tausend Trümmern: aber der Geduldige läßt sich nicht schrecken, er verfolgt ruhig seinen Weg, und sieht seinen Eifer belohnt, indem er ihn bald wieder in neuer Mächtigkeit und Höflichkeit ausrichtet. Oft lockt ihn ein betrügliches Trum aus der wahren Richtung; aber bald erkennt er den falschen Weg, und bricht mit Gewalt querfeldein, bis er den wahren erzführenden Gang wiedergefunden hat. Wie bekannt wird hier nicht der Bergmann mit allen Launen des Zufalls, wie sicher aber auch, daß Eifer und Beständigkeit die einzigen untrüglichen Mittel sind, sie zu bemeistern, und die von ihnen hartnäckig vertheidigten Schätze zu heben.

Es fehlt euch gewiß nicht, sagte Heinrich, an ermunternden Liedern. Ich sollte meinen, daß Euch euer Beruf unwillkührlich zu Gesängen begeistern und die Musik eine willkommene Begleiterin der Bergleute seyn müßte.

Da habt ihr wahr gesprochen, erwiederte der Alte; Gesang und Zitherspiel gehört zum Leben des Bergmanns, und kein Stand kann mit mehr Vergnügen die Reize derselben genießen, als der unsrige. Musik und Tanz sind eigentliche Freuden des Bergmanns; sie sind wie ein fröliches Gebet, und die Erinnerungen und Hofnungen desselben helfen die mühsame Arbeit erleichtern und die lange Einsamkeit verkürzen.

Wenn es euch gefällt, so will ich euch gleich einen Gesang zum Besten geben, der fleißig in meiner Jugend gesungen wurde.

Der ist der Herr der Erde,
Wer ihre Tiefen mißt,
Und jeglicher Beschwerde
In ihrem Schooß vergißt.

Wer ihrer Felsenglieder
Geheimen Bau versteht,
Und unverdrossen nieder
Zu ihrer Werkstatt geht.

Er ist mit ihr verbündet,
Und inniglich vertraut,
Und wird von ihr entzündet,
Als wär' sie seine Braut.

Er sieht ihr alle Tage
Mit neuer Liebe zu
Und scheut nicht Fleiß und Plage,
Sie läßt ihm keine Ruh.

Die mächtigen Geschichten
Der längst verfloßnen Zeit,
Ist sie ihm zu berichten
Mit Freundlichkeit bereit.

Der Vorwelt heilge Lüfte
Umwehn sein Angesicht,
Und in die Nacht der Klüfte
Strahlt ihm ein ewges Licht.

Er trift auf allen Wegen
Ein wohlbekanntes Land,
Und gern kommt sie entgegen
Den Werken seiner Hand.

Ihm folgen die Gewässer
Hülfreich den Berg hinauf;

Und alle Felsenschlösser,
Thun ihre Schätz' ihm auf.

Er führt des Goldes Ströme
In seines Königs Haus,
Und schmückt die Diademe
Mit edlen Steinen aus.

Zwar reicht er treu dem König
Den glückbegabten Arm,
Doch frägt er nach ihm wenig
Und bleibt mit Freuden arm.

Sie mögen sich erwürgen
Am Fuß um Gut und Geld;
Er bleibt auf den Gebirgen
Der frohe Herr der Welt.

Heinrichen gefiel das Lied ungemein, und er bat den Alten, ihm noch eins mitzutheilen. Der Alte war auch gleich bereit und sagte: Ich weiß noch ein wunderliches Lied, was wir selbst nicht wissen, wo es her ist.

Es brachte es ein reisender Bergmann mit, der weit herkam, und ein sonderlicher Ruthengänger war. Das Lied fand großen Beyfall, weil es so seltsamlich klang, beynah so dunkel und unverständlich, wie die Musik selbst, aber eben darum auch so unbegreiflich anzog, und im wachsenden Zustande wie ein Traum unterhielt.

Ich kenne wo ein festes Schloß
Ein stiller König wohnt darinnen,
Mit einem wunderlichen Troß;
Doch steigt er nie auf seine Zinnen.
Verborgen ist sein Lustgemach
Und unsichtbare Wächter lauschen;
Nur wohlbekannte Quellen rauschen
Zu ihm herab vom bunten Dach.

Was ihre hellen Augen sahn
In der Gestirne weiten Sälen,

Das sagen sie ihm treulich an
Und können sich nicht satt erzählen.
Er badet sich in ihrer Flut,
Wäscht sauber seine zarten Glieder
Und seine Stralen blinken wieder
Aus seiner Mutter weißem Blut.

Sein Schloß ist alt und wunderbar,
Es sank herab aus tiefen Meeren
Stand fest, und steht noch immerdar,
Die Flucht zum Himmel zu verwehren.
Von innen schlingt ein heimlich Band
Sich um des Reiches Unterthanen,
Und Wolken wehn wie Siegesfahnen
Herunter von der Felsenwand.

Ein unermeßliches Geschlecht
Umgiebt die festverschlossenen Pforten,
Ein jeder spielt den treuen Knecht
Und ruft den Herrn mit süßen Worten.
Sie fühlen sich durch ihn beglückt,
Und ahnden nicht, daß sie gefangen;
Berauscht von trüglichem Verlangen
Weiß keiner, wo der Schuh ihn drückt.

Nur Wenige sind schlau und wach,
Und dürsten nicht nach seinen Gaben;
Sie trachten unablässig nach,
Das alte Schloß zu untergraben.
Der Heimlichkeit urmächtgen Bann,
Kann nur die Hand der Einsicht lösen;
Gelingt's das Innere zu entblößen
So bricht der Tag der Freyheit an.

Dem Fleiß ist keine Wand zu fest,
Dem Muth kein Abgrund unzugänglich;
Wer sich auf Herz und Hand verläßt
Spürt nach dem König unbedenklich.
Aus seinen Kammern holt er ihn,

Vertreibt die Geister durch die Geister,
Macht sich der wilden Fluten Meister,
Und heißt sie selbst heraus sich ziehn.

Je mehr er nun zum Vorschein kömmt
Und wild umher sich treibt auf Erden:
Je mehr wird seine Macht gedämmt,
Je mehr die Zahl der Freyen werden.
Am Ende wird von Banden los
Das Meer die leere Burg durchdringen
Und trägt auf weichen grünen Schwingen
Zurück uns in der Heymath Schooß.

Es dünkte Heinrichen, wie der Alte geendigt hatte, als habe er das Lied schon irgend wo gehört. Er ließ es sich wiederholen und schrieb es sich auf. Der Alte ging nachher hinaus und die Kaufleute sprachen unterdessen mit den andern Gästen über die Vortheile des Bergbaues und seine Mühseligkeiten. Einer sagte: der Alte ist gewiß nicht umsonst hier. Er ist heute zwischen den Hügeln umhergeklettert und hat gewiß gute Anzeichen gefunden. Wir wollen ihn doch fragen, wenn er wieder herein kömmt. Wißt ihr wohl, sagte ein Andrer, daß wir ihn bitten könnten, eine Quelle für unser Dorf zu suchen? Das Wasser ist weit, und ein guter Brunnen wäre uns sehr willkommen. Mir fällt ein, sagte ein dritter, daß ich ihn fragen möchte, ob er einen von meinen Söhnen mit sich nehmen will, der mir schon das ganze Haus voll Steine getragen hat. Der Junge wird gewiß ein tüchtiger Bergmann, und der Alte scheint ein guter Mann zu seyn, der wird schon was Rechtes aus ihm ziehn. Die Kaufleute redeten, ob sie vielleicht durch den Bergmann ein vortheilhaftes Verkehr mit Böhmen anspinnen und Metalle daher zu guten Preisen erhalten möchten. Der Alte trat wieder in die Stube, und alle wünschten seine Bekanntschaft zu benutzen. Er fing an und sagte: Wie dumpf und ängstlich ist es doch hier in der engen Stube. Der Mond steht draußen in voller Herrlichkeit, und ich hätte große Lust noch einen Spaziergang zu machen. Ich habe heute bey Tage einige merkwürdige Höhlen hier in der Nähe gesehn. Vielleicht entschließen sich Einige mitzugehn; und wenn wir nur Licht mitnehmen, so werden wir ohne Schwierigkeiten uns darinn umsehn können.

Den Leuten aus dem Dorfe waren diese Höhlen schon bekannt: aber bis jetzt hatte keiner gewagt hineinzusteigen; vielmehr trugen sie sich mit fürchterlichen Sagen von Drachen und andern Unthieren, die darinn hausen sollten. Einige wollten sie selbst gesehn haben, und behaupteten, daß man Knochen an ihrem Eingange von geraubten und verzehrten Menschen und Thieren fände. Einige andre vermeinten, daß ein Geist dieselben bewohne, wie sie denn einigemal aus der Ferne eine seltsame menschliche Gestalt gesehn, auch zur Nachtzeit Gesänge da herüber gehört haben wollten.

Der Alte schien ihnen keinen großen Glauben beyzumessen, und versicherte lachend, daß sie unter dem Schutze eines Bergmanns getrost mitgehn könnten, indem die Ungeheuer sich vor ihm scheuen müßten, ein singender Geist aber gewiß ein wohlthätiges Wesen sey. Die Neugier machte viele beherzt genug, seinen Vorschlag einzugehn; auch Heinrich wünschte ihn zu begleiten, und seine Mutter gab endlich auf das Zureden und Versprechen des Alten, genaue Acht auf Heinrichs Sicherheit zu haben, seinen Bitten nach. Die Kaufleute waren eben so entschlossen. Es wurden lange Kienspäne zu Fackeln zusammengeholt; ein Theil der Gesellschaft versah sich noch zum Überfluß mit Leitern, Stangen, Stricken und allerhand Vertheidigungswerkzeugen, und so begann endlich die Wallfahrt nach den nahen Hügeln. Der Alte ging mit Heinrich und den Kaufleuten voran. Jener Bauer hatte seinen wißbegierigen Sohn herbeygeholt, der voller Freude sich einer Fackel bemächtigte, und den Weg zu den Höhlen zeigte. Der Abend war heiter und warm. Der Mond stand in mildem Glanze über den Hügeln, und ließ wunderliche Träume in allen Kreaturen aufsteigen. Selbst wie ein Traum der Sonne, lag er über der in sich gekehrten Traumwelt, und führte die in unzählige Grenzen getheilte Natur in jene fabelhafte Urzeit zurück, wo jeder Keim noch für sich schlummerte, und einsam und unberührt sich vergeblich sehnte, die dunkle Fülle seines unermeßlichen Daseyns zu entfalten. In Heinrichs Gemüth spiegelte sich das Mährchen des Abends. Es war ihm, als ruhte die Welt aufgeschlossen in ihm, und zeigte ihm, wie einem Gastfreunde, alle ihre Schätze und verborgenen Lieblichkeiten. Ihm dünkte die große einfache Erscheinung um ihn so verständlich. Die Natur schien ihm nur deswegen so unbegreiflich, weil sie das Nächste und Traulichste mit einer solchen Verschwendung von mannichfachen Ausdrücken um den Menschen her thürmte. Die Worte des Alten hatten eine versteckte Tapetenthür in ihm geöffnet. Er sah sein kleines Wohnzimmer dicht an einen erhabenen Münster gebaut, aus dessen steinernem Boden die ernste Vorwelt emporstieg, während von der Kuppel die klare fröliche Zukunft in goldnen Engelskindern ihr singend entgegenschwebte. Gewaltige Klänge bebten in den silbernen Gesang, und zu den weiten Thoren traten alle Creaturen herein, von denen jede ihre innere Natur in einer einfachen Bitte und in einer eigenthümlichen Mundart vernehmlich aussprach. Wie wunderte er sich, daß ihm diese klare, seinem Daseyn schon unentbehrliche Ansicht so lange fremd geblieben war. Nun übersah er auf einmal alle seine Verhältnisse mit der weiten Welt um ihn her; fühlte was er durch sie geworden und was sie ihm werden würde, und begrif alle die seltsamen Vorstellungen und Anregungen, die er schon oft in ihrem Anschauen gespürt hatte. Die Erzählung der Kaufleute von dem Jünglinge, der die Natur so emsig betrachtete, und der Eydam des Königs wurde, kam ihm wieder zu Gedanken, und tausend andere Erinnerungen seines Lebens knüpften sich von selbst an einen zauberischen Faden. Während der Zeit, daß Heinrich seinen Betrachtungen nachhing, hatte sich die Gesellschaft der Höhle genähert. Der Eingang war niedrig, und der Alte nahm eine Fackel und kletterte über einige Steine zuerst hinein. Ein ziemlich fühlbarer Luftstrom kam ihm entgegen, und der Alte versicherte, daß sie getrost folgen könnten. Die Furchtsamsten gingen zuletzt, und hielten ihre Waffen in Bereitschaft. Heinrich und die Kaufleute waren hinter dem Alten und der Knabe wanderte munter an seiner Seite. Der Weg lief anfänglich in einem ziemlich schmalen Gange, welcher sich aber bald in eine sehr weite und hohe Höhle endigte, die der Fackelglanz nicht völlig zu erleuchten vermochte; doch sah man im Hintergrunde einige Öffnungen sich in die

Felsenwand verlieren. Der Boden war weich und ziemlich eben; die Wände so wie die Decke waren ebenfalls nicht rauh und unregelmäßig; aber was die Aufmerksamkeit Aller vorzüglich beschäftigte, war die unzählige Menge von Knochen und Zähnen, die den Boden bedeckten. Viele waren völlig erhalten, an andern sah man Spuren der Verwesung, und die, welche aus den Wänden hin und wieder hervorragten, schienen steinartig geworden zu seyn. Die Meisten waren von ungewöhnlicher Größe und Stärke. Der Alte freute sich über diese Überbleibsel einer uralten Zeit; nur den Bauern war nicht wohl dabey zu Muthe, denn sie hielten sie für deutliche Spuren naher Raubthiere, so überzeugend ihnen auch der Alte die Zeichen eines undenklichen Alterthums daran aufwies, und sie fragte, ob sie je etwas von Verwüstungen unter ihren Heerden und vom Raube benachbarter Menschen gespürt hätten, und ob sie jene Knochen für Knochen bekannter Thiere oder Menschen halten könnten? Der Alte wollte nun weiter in den Berg, aber die Bauern fanden für rathsam sich vor die Höhle zurückzuziehn, und dort seine Rückkunft abzuwarten. Heinrich, die Kaufleute und der Knabe blieben bey dem Alten, und versahen sich mit Stricken und Fackeln. Sie gelangten bald in eine zweyte Höhle, wobey der Alte nicht vergaß, den Gang aus dem sie hereingekommen waren, durch eine Figur von Knochen, die er davor hinlegte, zu bezeichnen. Die Höhle glich der vorigen und war eben so reich an thierischen Resten. Heinrichen war schauerlich und wunderbar zu Muthe; es gemahnte ihn, als wandle er durch die Vorhöfe des innern Erdenpalastes. Himmel und Leben lag ihm auf einmal weit entfernt, und diese dunkeln weiten Hallen schienen zu einem unterirdischen seltsamen Reiche zu gehören. Wie, dachte er bey sich selbst, wäre es möglich, daß unter unsern Füßen eine eigene Welt in einem ungeheuern Leben sich bewegte? daß unerhörte Geburten in den Vesten der Erde ihr Wesen trieben, die das innere Feuer des dunkeln Schooßes zu riesenmäßigen und geistesgewaltigen Gestalten auftriebe? Könnten dereinst diese schauerlichen Fremden, von der eindringenden Kälte hervorgetrieben, unter uns erscheinen, während vielleicht zu gleicher Zeit himmlische Gäste, lebendige, redende Kräfte der Gestirne über unsern

Häuptern sichtbar würden? Sind diese Knochen Überreste ihrer Wanderungen nach der Oberfläche, oder Zeichen einer Flucht in die Tiefe?

Auf einmal rief der Alte die Andern herbey, und zeigte ihnen eine ziemlich frische Menschenspur auf dem Boden. Mehrere konnten sie nicht finden, und so glaubte der Alte, ohne fürchten zu müssen, auf Räuber zu stoßen, der Spur nachgehen zu können. Sie waren eben im Begriff dies auszuführen, als auf einmal, wie unter ihren Füßen, aus einer fernen Tiefe ein ziemlich vernehmlicher Gesang anfing. Sie erstaunten nicht wenig, doch horchten sie genau auf:

Gern verweil' ich noch im Thale
Lächelnd in der tiefen Nacht,
Denn der Liebe volle Schaale
Wird mir täglich dargebracht.

Ihre heilgen Tropfen heben
Meine Seele hoch empor,
Und ich steh in diesem Leben
Trunken an des Himmels Thor.

Eingewiegt in seelges Schauen
Ängstigt mein Gemüth kein Schmerz.
O! die Königinn der Frauen
Giebt mir ihr getreues Herz.

Bangverweinte Jahre haben
Diesen schlechten Thon verklärt,
Und ein Bild ihm eingegraben,
Das ihm Ewigkeit gewährt.

Jene lange Zahl von Tagen
Dünkt mir nur ein Augenblick;
Werd ich einst von hier getragen
Schau ich dankbar noch zurück.

Alle waren auf das angenehmste überrascht, und wünschten sehnlichst den Sänger zu entdecken.

Nach einigem Suchen trafen sie in einem Winkel der rechten

Seitenwand, einen abwärts gesenkten Gang, in welchen die Fuß[s]tapfen zu führen schienen. Bald dünkte es ihnen, eine Hellung zu bemerken, die stärker wurde, je näher sie kamen. Es that sich ein neues Gewölbe von noch größerm Umfange, als die vorherigen, auf, in dessen Hintergrunde sie bey einer Lampe eine menschliche Gestalt sitzen sahen, die vor sich auf einer steinernen Platte ein großes Buch liegen hatte, in welchem sie zu lesen schien.

Sie drehte sich nach ihnen zu, stand auf und ging ihnen entgegen. Es war ein Mann, dessen Alter man nicht errathen konnte. Er sah weder alt noch jung aus, keine Spuren der Zeit bemerkte man an ihm, als schlichte silberne Haare, die auf der Stirn gescheitelt waren. In seinen Augen lag eine unaussprechliche Heiterkeit, als sähe er von einem hellen Berge in einen unendlichen Frühling hinein. Er hatte Sohlen an die Füße gebunden, und schien keine andere Kleidung zu haben, als einen weiten Mantel, der um ihn hergeschlungen war, und seine edle große Gestalt noch mehr heraus hob. Über ihre unvermuthete Ankunft schien er nicht im mindesten verwundert; wie ein Bekannter begrüßte er sie. Es war, als empfing er erwartete Gäste in seinem Wohnhause. Es ist doch schön, daß ihr mich besucht, sagte er; ihr seyd die ersten Freunde, die ich hier sehe, so lange ich auch schon hier wohne. Scheint es doch, als finge man an, unser großes wunderbares Haus genauer zu betrachten. Der Alte erwiederte: Wir haben nicht vermuthet, einen so freundlichen Wirth hier zu finden. Von wilden Thieren und Geistern war uns erzählt, und nun sehen wir uns auf das anmuthigste getäuscht. Wenn wir euch in eurer Andacht und in euren tiefsinnigen Betrachtungen gestört haben, so verzeiht es unserer Neugierde. – Könnte eine Betrachtung erfreulicher seyn, sagte der Unbekannte, als die froher uns zusagender Menschengesichter? Haltet mich nicht für einen Menschenfeind, weil ihr mich in dieser Einöde trefft. Ich habe die Welt nicht geflohen, sondern ich habe nur eine Ruhestätte gesucht, wo ich ungestört meinen Betrachtungen nachhängen könnte. – Hat euch euer Entschluß nie gereut, und kommen nicht zuweilen Stunden, wo euch bange wird und euer Herz nach einer Menschenstimme verlangt? – Jetzt nicht mehr. Es war eine

Zeit in meiner Jugend, wo eine heiße Schwärmerey mich veranlaßte, Einsiedler zu werden. Dunkle Ahndungen beschäftigten meine jugendliche Fantasie. Ich hoffte volle Nahrung meines Herzens in der Einsamkeit zu finden. Unerschöpflich dünkte mir die Quelle meines innern Lebens. Aber ich merkte bald, daß man eine Fülle von Erfahrungen dahin mitbringen muß, daß ein junges Herz nicht allein seyn kann, ja daß der Mensch erst durch vielfachen Umgang mit seinem Geschlecht eine gewisse Selbstständigkeit erlangt.

Ich glaube selbst, erwiederte der Alte, daß es einen gewissen natürlichen Beruf zu jeder Lebensart giebt, und vielleicht, daß die Erfahrungen eines zunehmenden Alters von selbst auf eine Zurückziehung aus der menschlichen Gesellschaft führen. Scheint es doch, als sey dieselbe der Thätigkeit, sowohl zum Gewinnst als zur Erhaltung gewidmet. Eine große Hoffnung, ein gemeinschaftlicher Zweck treibt sie mit Macht; und Kinder und Alte scheinen nicht dazu zu gehören. Unbehülflichkeit und Unwissenheit schließen die Ersten davon aus, während die letztern jene Hoffnung erfüllt, jenen Zweck erreicht sehen, und nun nicht mehr von ihnen in den Kreis jener Gesellschaft verflochten, in sich selbst zurückkehren, und genug zu thun finden, sich auf eine höhere Gemeinschaft würdig vorzubereiten. Indeß scheinen bey euch noch besondere Ursachen statt gefunden zu haben, euch so gänzlich von den Menschen abzusondern und Verzicht auf alle Bequemlichkeiten der Gesellschaft zu leisten. Mich dünkt, daß die Spannung eures Gemüths doch oft nachlassen und euch dann unbehaglich zu Muthe werden müßte.

Ich fühlte das wohl, indeß habe ich es glücklich durch eine strenge Regelmäßigkeit meines Lebens zu vermeiden gewußt. Dabey suche ich mich durch Bewegung gesund zu erhalten, und dann hat es keine Noth. Jeden Tag gehe ich mehrere Stunden herum, und genieße den Tag und die Luft soviel ich kann. Sonst halte ich mich in diesen Hallen auf, und beschäftige mich zu gewissen Stunden mit Korbflechten und Schnitzen. Für meine Waaren tausche ich mir in entlegenen Ortschaften Lebensmittel ein, Bücher hab ich mir mitgebracht, und so vergeht die Zeit, wie ein Augenblick. In jenen Gegenden habe ich einige Bekannte, die um meinen Aufenthalt wissen, und von denen ich erfahre, was in der Welt geschieht. Diese werden mich begraben, wenn ich todt bin und meine Bücher zu sich nehmen.

Er führte sie näher an seinen Sitz, der nahe an der Höhlenwand war. Sie sahen mehrere Bücher auf der Erde liegen, auch eine Zither, und an der Wand hing eine völlige Rüstung, die ziemlich kostbar zu seyn schien. Der Tisch bestand aus fünf großen steinernen Platten, die wie ein Kasten zusammengesetzt waren. Auf der obersten lagen eine männliche und weibliche Figur in Lebensgröße eingehauen, die einen Kranz von Lilien und Rosen angefaßt hatten; an den Seiten stand:

Friedrich und Marie von Hohenzollern
kehrten auf dieser Stelle in ihr Vaterland zurück.

Der Einsiedler fragte seine Gäste nach ihrem Vaterlande, und wie sie in diese Gegenden gekommen wären. Er war sehr freundlich und offen, und verrieth eine große Bekanntschaft mit der Welt. Der Alte sagte: Ich sehe, ihr seyd ein Kriegsmann gewesen, die Rüstung verräth euch. – Die Gefahren und Wechsel des Krieges, der hohe poetische Geist, der ein Kriegsheer begleitet, rissen mich aus meiner jugendlichen Einsamkeit und bestimmten die Schicksale meines Lebens. Vielleicht, daß das lange Getümmel, die unzähligen Begebenheiten, denen ich beywohnte, mir den Sinn für die Einsamkeit noch mehr geöffnet haben: die zahllosen Erinnerungen sind eine unterhaltende Gesellschaft, und dies um so mehr, je veränderter der Blick ist, mit dem wir sie überschauen, und der nun erst ihren wahren Zusammenhang, den Tiefsinn ihrer Folge, und die Bedeutung ihrer Erscheinungen entdeckt. Der eigentliche Sinn für die Geschichten der Menschen entwikkelt sich erst spät, und mehr unter den stillen Einflüssen der Erinnerung, als unter den gewaltsameren Eindrücken der Gegenwart. Die nächsten Ereignisse scheinen nur locker verknüpft, aber sie sympathisiren desto wunderbarer mit entfernteren; und nur dann, wenn man im Stande ist, eine lange Reihe zu übersehn und weder alles buchstäblich zu nehmen, noch auch mit muthwilligen Träumen die eigentliche Ordnung zu verwirren, bemerkt man die geheime Verkettung des Ehemaligen und Künftigen, und lernt die Geschichte aus Hoffnung und Erinnerung zusammensetzen. Indeß nur dem, welchem die ganze Vorzeit gegenwärtig ist, mag es gelingen, die einfache Regel der Geschichte zu entdecken. Wir kommen nur zu unvollständigen und beschwerlichen Formeln, und können froh seyn, nur für uns selbst eine brauchbare Vorschrift zu finden, die uns hinlängliche Aufschlüsse über unser eigenes kurzes Leben verschafft. Ich darf aber wohl sagen, daß jede sorgfältige Betrachtung der Schicksale des Lebens einen tiefen, unerschöpflichen Genuß gewährt, und unter allen Gedanken uns am meisten über die irdischen Übel erhebt. Die Jugend liest die Geschichte nur aus Neugier, wie ein unterhaltendes Mährchen; dem reiferen Alter wird sie eine himmlische tröstende und erbauende Freundinn, die ihn durch ihre weisen Gespräche sanft zu einer höheren, umfassenderen Laufbahn vorbereitet, und mit der unbekannten Welt ihn in faßlichen Bildern bekannt macht. Die Kirche ist das Wohnhaus der Geschichte, und der stille Hof ihr sinnbildlicher Blumengarten. Von der Geschichte sollten nur alte, gottesfürchtige Leute schreiben, deren Geschichte selbst zu Ende ist, und die nichts mehr zu hoffen haben, als die Verpflanzung in den Garten. Nicht finster und trübe wird ihre Beschreibung seyn; vielmehr wird ein Strahl aus der Kuppel alles in der richtigsten und schönsten Erleuchtung zeigen, und heiliger Geist wird über diesen seltsam bewegten Gewässern schweben.

Wie wahr und einleuchtend ist eure Rede, setzte der Alte hinzu. Man sollte gewiß mehr Fleiß darauf wenden, das Wissenswürdige seiner Zeit treulich aufzuzeichnen, und es als ein andächtiges Vermächtniß den künftigen Menschen zu hinterlassen. Es giebt tausend entferntere Dinge, denen Sorgfalt und Mühe gewidmet wird, und gerade um das Nächste und Wichtigste, um die Schicksale unsers eigenen Lebens, unserer Angehörigen, unsers Geschlechts, deren leise Planmäßigkeit wir in den Gedanken einer Vorsehung aufgefaßt haben, bekümmern wir uns so wenig, und lassen sorglos alle Spuren in unserm Gedächtnisse verwischen. Wie Heiligthümer wird eine weisere Nachkommenschaft jede Nachricht, die von den Begebenheiten der Vergangenheit handelt, aufsuchen, und selbst das Leben eines Einzelnen unbedeutenden Mannes wird ihr nicht gleichgültig seyn, da gewiß sich das große Leben seiner Zeitgenossenschaft darinn mehr oder weniger spiegelt.

Es ist nur so schlimm, sagte der Graf von Hohenzollern, daß selbst die Wenigen, die sich der Aufzeichnung der Thaten und Vorfälle ihrer Zeit unterzogen, nicht über ihr Geschäft nachdachten, und ihren Beobachtungen keine Vollständigkeit und Ordnung zu geben suchten, sondern nur aufs Gerathewohl bey der Auswahl und Sammlung ihrer Nachrichten verfuhren. Ein jeder wird leicht an sich bemerken, daß er nur dasjenige deutlich und vollkommen beschreiben kann, was er genau kennt, dessen Theile, dessen Entstehung und Folge, dessen Zweck und Gebrauch ihm gegenwärtig sind: denn sonst wird keine Beschreibung, sondern ein verwirrtes Gemisch von unvollständigen Bemerkungen entstehn. Man lasse ein Kind eine Maschine, einen Landmann ein Schiff beschreiben, und gewiß wird kein Mensch aus ihren Worten einigen Nutzen und Unterricht schöpfen können, und so ist es mit den meisten Geschichtsschreibern, die vielleicht fertig genug im Erzählen und bis zum Überdruß weitschweifig sind, aber doch gerade das Wissenswürdigste vergessen, dasjenige, was erst die Geschichte zur Geschichte macht, und die mancherley Zufälle zu einem angenehmen und lehrreichen Ganzen verbindet. Wenn ich das alles recht bedenke, so scheint es mir, als wenn ein Geschichtschreiber nothwendig auch ein Dichter seyn müßte, denn nur die Dichter mögen sich auf jene Kunst, Begebenheiten schicklich zu verknüpfen, verstehn. In ihren Erzählungen und Fabeln habe ich mit stillem Vergnügen ihr zartes Gefühl für den geheimnißvollen Geist des Lebens bemerkt. Es ist mehr Wahrheit in ihren Mährchen, als in gelehrten Chroniken. Sind auch ihre Personen und deren Schicksale erfunden: so ist doch der Sinn, in dem sie erfunden sind, wahrhaft und natürlich. Es ist für unsern Genuß und unsere Belehrung gewissermaßen einerley, ob die Personen, in deren Schicksalen wir den unsrigen nachspüren, wirklich einmal lebten, oder nicht. Wir verlangen nach der Anschauung der großen einfachen Seele der Zeiterscheinungen, und finden wir diesen Wunsch gewährt, so kümmern wir uns nicht um die zufällige Existenz ihrer äußern Figuren.

Auch ich bin den Dichtern, sagte der Alte, von jeher deshalb zugethan gewesen. Das Leben und die Welt ist mir klarer und anschaulicher durch sie geworden. Es dünkte mich, sie müßten befreundet mit den scharfen Geistern des Lichtes seyn, die alle Naturen durchdringen und sondern, und einen eigenthümlichen, zartgefärbten Schleyer über jede verbreiten. Meine eigene Natur fühlte ich bey ihren Liedern leicht entfaltet, und es war, als könnte sie sich nun freyer bewegen, ihrer Geselligkeit und ihres Verlangens froh werden, mit stiller Lust ihre Glieder gegen einander schwingen, und tausenderley anmuthige Wirkungen hervorrufen.

Wart ihr so glücklich, in eurer Gegend einige Dichter zu haben? fragte der Einsiedler.

Es haben sich wohl zuweilen einige bey uns eingefunden, aber sie schienen Gefallen am Reisen zu finden, und so hielten sie sich meist nicht lange auf. Indeß habe ich auf meinen Wanderungen nach Illyrien, nach Sachsen und Schwedenland nicht selten welche gefunden, deren Andenken mich immer erfreuen wird.

So seyd ihr ja weit umhergekommen, und müßt viele denkwürdige Dinge erlebt haben.

Unsere Kunst macht es fast nöthig, daß man sich weit auf dem Erdboden umsieht, und es ist als triebe den Bergmann ein unterirdisches Feuer umher. Ein Berg schickt ihn dem andern. Er wird nie mit Sehen fertig, und hat seine ganze Lebenszeit an jener wunderlichen Baukunst zu lernen, die unsern Fußboden so seltsam gegründet und ausgetäfelt hat. Unsere Kunst ist uralt und weit verbreitet. Sie mag wohl aus Morgen, mit der Sonne, wie unser Geschlecht, nach Abend gewandert seyn, und von der Mitte nach den Enden zu. Sie hat überall mit andern Schwierigkeiten zu kämpfen gehabt, und da immer das Bedürfniß den menschlichen Geist zu klugen Erfindungen gereitzt, so kann der Bergmann überall seine Einsichten und seine Geschicklichkeit vermehren und mit nützlichen Erfahrungen seine Heymat bereichern.

Ihr seyd beynah verkehrte Astrologen, sagte der Einsiedler.

Wenn diese den Himmel unverwandt betrachten und seine unermeßlichen Räume durchirren: so wendet ihr euren Blick auf den Erdboden, und erforscht seinen Bau. Jene studieren die Kräfte und Einflüsse der Gestirne, und ihr untersucht die Kräfte der Felsen und Berge, und die mannichfaltigen Wirkungen der Erd- und Steinschichten. Jenen ist der Himmel das Buch der Zukunft, während euch die Erde Denkmale der Urwelt zeigt.

Es ist dieser Zusammenhang nicht ohne Bedeutung, sagte der Alte lächelnd. Die leuchtenden Profeten spielen vielleicht eine Hauptrolle in jener alten Geschichte des wunderlichen Erdbaus. Man wird vielleicht sie aus ihren Werken, und ihre Werke aus ihnen mit der Zeit besser kennen und erklären lernen. Vielleicht zeigen die großen Gebirgsketten die Spuren ihrer ehemaligen Straßen, und hatten selbst Lust, sich auf ihre eigene Hand zu nähren und ihren eigenen Gang am Himmel zu gehn. Manche hoben sich kühn genug, um auch Sterne zu werden, und müssen nun dafür die schöne grüne Bekleidung der niedrigern Gegenden entbehren. Sie haben dafür nichts erhalten, als daß sie ihren Vätern das Wetter machen helfen, und Profeten für das tiefere Land sind, das sie bald schützen bald mit Ungewittern überschwemmen.

Seitdem ich in dieser Höhle wohne, fuhr der Einsiedler fort, habe ich mehr über die alte Zeit nachdenken gelernt. Es ist unbeschreiblich, was diese Betrachtung anzieht, und ich kann mir die Liebe vorstellen, die ein Bergmann für sein Handwerk hegen muß. Wenn ich die seltsamen alten Knochen ansehe, die hier in so gewaltiger Menge versammelt sind; wenn ich mir die wilde Zeit denke, wo diese fremdartigen, ungeheuren Thiere in dichten Schaaren sich in diese Höhlen hereindrängten, von Furcht und Angst vielleicht getrieben, und hier ihren Tod fanden; wenn ich dann wieder bis zu den Zeiten hinaufsteige, wo diese Höhlen zusammenwuchsen und ungeheure Fluten das Land bedeckten: so komme ich mir selbst wie ein Traum der Zukunft, wie ein Kind des ewigen Friedens vor. Wie ruhig und friedfertig, wie mild und klar ist gegen diese gewaltsamen, riesenmäßigen Zeiten, die heutige Natur! und das furchtbarste Gewitter, das entsetzlichste Erdbeben in unsern Tagen ist nur ein schwacher Nachhall jener grausenvollen Geburtswehen. Vielleicht daß auch die Pflanzen- und Thierwelt, ja die damaligen Menschen selbst, wenn es auf einzelnen Eylanden in diesem Ozean welche gab, eine andere festere und rauhere Bauart hatten, – wenigstens dürfte man die alten Sagen von einem Riesenvolke dann keiner Erdichtungen zeihen.

Es ist erfreulich, sagte der Alte, jene allmählige Beruhigung der Natur zu bemerken. Ein immer innigeres Einverständniß, eine friedlichere Gemeinschaft, eine gegenseitige Unterstützung und Belebung, scheint sich allmählich gebildet zu haben, und wir können immer besseren Zeiten entgegensehn. Es wäre vielleicht möglich, daß hin und wieder noch alter Sauerteig gährte, und noch einige heftige Erschütterungen erfolgten; indeß sieht man doch das allmächtige Streben nach freyer, einträchtiger Verfassung, und in diesem Geiste wird jede Erschütterung vorübergehen und dem großen Ziele näher führen. Mag es seyn, daß die Natur nicht mehr so fruchtbar ist, daß heut zu Tage keine Metalle und Edelsteine, keine Felsen und Berge mehr entstehn, daß Pflanzen und Thiere nicht mehr zu so erstaunlichen Größen und Kräften aufquellen; je mehr sich ihre erzeugende Kraft erschöpft hat, desto mehr haben ihre bildenden, veredelnden und geselligen Kräfte zugenommen, ihr Gemüth ist empfänglicher und zarter, ihre Fantasie mannichfaltiger und sinnbildlicher. ihre Hand leichter und kunstreicher geworden. Sie nähert sich dem Menschen, und wenn sie ehmals ein wildgebährender Fels war, so ist sie jetzt eine stille, treibende Pflanze, eine stumme menschliche Künstlerinn. Wozu wäre auch eine Vermehrung jener Schätze nöthig, deren Überfluß auf undenkliche Zeiten ausreicht. Wie klein ist der Raum, den ich durchwandert bin, und welche mächtige Vorräthe habe ich nicht gleich auf den ersten Blick gefunden, deren Benutzung der Nachwelt überlassen bleibt. Welche Reichthümer verschließen nicht die Gebirge nach Norden, welche günstige Anzeigen fand ich nicht in meinem Vaterlande überall, in Ungarn, am Fuße der Carpathischen Gebirge, und in den Felsenthälern von Tyrol, Östreich und Bayern. Ich könnte ein reicher Mann seyn, wenn ich das hätte mit mir nehmen können, was ich nur aufzuheben, nur abzuschlagen brauchte. An manchen Orten sah ich mich, wie in einem Zaubergarten. Was ich ansah, war von köstlichen Metallen und auf das kunstreichste gebildet. In den zierlichen Locken und Ästen des Silbers hingen glänzende, rubinrothe, durchsichtige Früchte, und die schweren Bäumchen standen auf krystallenem Grunde, der ganz unnachahmlich ausgearbeitet war. Man traute kaum seinen Sinnen an diesen wunderbaren Orten, und ward nicht müde diese reizenden Wildnisse zu durchstreifen und sich an ihren Kleinodien zu ergötzen. Auch auf meiner jetzigen Reise habe ich viele Merkwürdigkeiten gesehn, und gewiß ist in andern Ländern die Erde eben so ergiebig und verschwenderisch.

Wenn man, sagte der Unbekannte, die Schätze bedenkt, die im Orient zu Hause sind, so ist daran kein Zweifel, und ist das ferne Indien, Afrika und Spanien nicht schon im Alterthum durch Reichthümer seines Bodens bekannt gewesen? Als Kriegsmann giebt man freylich nicht so genau auf die Adern und Klüfte der Berge acht, indeß habe ich doch zuweilen meine Betrachtungen über diese glänzenden Streifen gehabt, die wie seltsame Knospen auf eine unerwartete Blüthe und Frucht deuten. Wie hätte ich damals denken können, wenn ich froh über das Licht des Tages an diesen dunkeln Behausungen vorbeyzog, daß ich noch im Schooße eines Berges mein Leben beschließen würde. Meine Liebe trug mich stolz über den Erdboden, und in ihrer Umarmung hoffte ich in späten Jahren zu entschlafen. Der Krieg endigte, und ich zog nach Hause, voll froher Erwartungen eines erquicklichen Herbstes. Aber der Geist des Krieges schien der Geist meines Glücks zu seyn. Meine Marie hatte mir zwey Kinder im Orient geboren. Sie waren die Freude unsers Lebens. Die Seefahrt und die rauhere Abendländische Luft störte ihre Blüthe. Ich begrub sie wenige Tage nach meiner Ankunft in Europa. Kummervoll führte ich meine trostlose Gattin nach meiner Heymath. Ein stiller Gram mochte den Faden ihres Lebens mürbe gemacht haben. Auf einer Reise, die ich bald darauf unternehmen mußte, auf der sie mich wie immer begleitete, verschied sie sanft und plötzlich in meinen Armen. Es war hier nahe bey, wo unsere irdische Wallfahrt zu Ende ging. Mein Entschluß war im Augenblicke reif. Ich fand, was ich nie erwartet hatte; eine göttliche Erleuchtung kam über mich, und seit dem Tage, da ich sie hier selbst begrub, nahm eine himmlische Hand allen Kummer von meinem Herzen. Das Grabmal habe ich nachher errichten lassen. Oft scheint eine Begebenheit sich zu endigen, wenn sie erst eigentlich beginnt, und dies hat bey meinem Leben statt gefunden. Gott verleihe euch allen ein seliges Alter, und ein so ruhiges Gemüth wie mir.

Heinrich und die Kaufleute hatten aufmerksam dem Gespräche zugehört, und der Erstere fühlte besonders neue Entwickelungen seines ahndungsvollen Innern. Manche Worte, manche Gedanken fielen wie belebender Fruchtstaub, in seinen Schooß, und rückten ihn schnell aus dem engen Kreise seiner Jugend auf die Höhe der Welt. Wie lange Jahre lagen die eben vergangenen Stunden hinter ihm, und er glaubte nie anders gedacht und empfunden zu haben.

Der Einsiedler zeigte ihnen seine Bücher. Es waren alte Historien und Gedichte. Heinrich blätterte in den großen schöngemahlten Schriften; die kurzen Zeilen der Verse, die Überschriften, einzelne Stellen, und die sauberen Bilder, die hier und da, wie verkörperte Worte, zum Vorschein kamen, um die Einbildungskraft des Lesers zu unterstützen, reizten mächtig seine Neugierde. Der Einsiedler bemerkte seine innere Lust, und erklärte ihm die sonderbaren Vorstellungen. Die mannichfaltigsten Lebensscenen waren abgebildet. Kämpfe, Leichenbegängnisse, Hochzeitfeyerlichkeiten, Schiffbrüche, Höhlen und Paläste; Könige, Helden, Priester, alte und junge Leute, Menschen in fremden Trachten, und seltsame Thiere, kamen in verschiedenen Abwechselungen und Verbindungen vor. Heinrich konnte sich nicht satt sehen, und hätte nichts mehr gewünscht, als bey dem Einsiedler, der ihn unwiderstehlich anzog, zu bleiben, und von ihm über diese Bücher unterrichtet zu werden. Der Alte fragte unterdeß, ob es noch mehr Höhlen gäbe, und der Einsiedler sagte ihm, daß noch einige sehr große in der Nähe lägen, wohin er ihn begleiten wollte. Der Alte war dazu bereit, und der Einsiedler, der die Freude bemerkte, die Heinrich an seinen Büchern hatte, veranlaßte ihn, zurückzubleiben, und sich während dieser Zeit weiter unter denselben umzusehn. Heinrich blieb mit Freuden bey den Büchern, und dankte ihm innig für seine Erlaubniß. Er blätterte mit unendlicher Lust umher. Endlich fiel ihm ein Buch in die Hände, das in einer fremden Sprache geschrieben war, die ihm einige Ähnlichkeit mit der Lateinischen und Italienischen zu haben schien. Er hätte sehnlichst gewünscht, die Sprache zu kennen, denn das Buch gefiel ihm vorzüglich ohne daß er eine Sylbe davon verstand. Es hatte keinen Titel, doch fand er noch beym Suchen einige Bilder. Sie dünkten ihm ganz wunderbar bekannt, und wie er recht zusah, entdeckte er seine eigene Gestalt ziemlich kenntlich unter den Figuren. Er erschrack und glaubte zu träumen, aber beym wiederhohlten Ansehn konnte er nicht mehr an der vollkommenen Ähnlichkeit zweifeln. Er traute kaum seinen Sinnen, als er bald auf einem Bilde die Höhle, den Einsiedler und den Alten neben sich entdeckte. Allmählich fand er auf den andern Bildern die Morgenländerinn, seine Eltern, den Landgrafen und die Landgräfinn von Thüringen, seinen Freund den Hofkaplan, und manche Andere seiner Bekannten; doch waren ihre Kleidungen verändert und schienen aus einer andern Zeit zu seyn. Eine große Menge Figuren wußte er nicht zu nennen, doch däuchten sie ihm bekannt. Er sah sein Ebenbild in verschiedenen Lagen. Gegen das Ende kam er sich größer und edler vor. Die Guitarre ruhte in seinen Armen, und die Landgräfinn reichte ihm einen Kranz. Er sah sich am kayserlichen Hofe, zu Schiffe, in trauter Umarmung mit einem schlanken lieblichen Mädchen, in einem Kampfe mit wildaussehenden Männern, und in freundlichen Gesprächen mit Sarazenen und Mohren. Ein Mann von ernstem Ansehn kam häufig in seiner Gesellschaft vor. Er fühlte tiefe Ehrfurcht vor dieser hohen Gestalt, und war froh sich Arm in Arm mit ihm zu sehn. Die letzten Bilder waren dunkel und unverständlich; doch überraschten ihn einige Gestalten seines Traumes mit dem innigsten Entzücken; der Schluß des Buches schien zu fehlen. Heinrich war sehr bekümmert, und wünschte nichts sehnlicher, als das Buch lesen zu können, und vollständig zu besitzen. Er betrachtete die Bilder zu wiederholten Malen und war bestürzt, wie er die Gesellschaft zurückkommen hörte. Eine wunderliche Schaam befiel ihn. Er getraute sich nicht, seine Entdeckung merken zu lassen, machte das Buch zu, und fragte den Einsiedler nur obenhin nach dem Titel und der Sprache desselben, wo er denn erfuhr, daß es in provenzalischer Sprache geschrieben sey. Es ist lange, daß ich es gelesen habe, sagte der Einsiedler. Ich kann mich nicht genau mehr des Inhalts entsinnen. Soviel ich weiß, ist es ein Roman von den wunderbaren Schicksalen eines Dichters, worinn die Dichtkunst in ihren mannichfachen Verhältnissen dargestellt und gepriesen wird. Der Schluß fehlt an dieser Handschrift, die ich aus Jerusalem mitgebracht habe, wo ich sie in der Verlassenschaft eines Freundes fand, und zu seinem Andenken aufhob.

Sie nahmen nun von einander Abschied, und Heinrich war bis zu Thränen gerührt. Die Höhle war ihm so merkwürdig, der Einsiedler so lieb geworden.

Alle umarmten diesen herzlich, und er selbst schien sie lieb gewonnen zu haben. Heinrich glaubte zu bemerken, daß er ihn mit einem freundlichen durchdringenden Blick ansehe. Seine Abschiedsworte gegen ihn waren sonderbar bedeutend. Er schien von seiner Entdeckung zu wissen und darauf anzuspielen. Bis zum Eingang der Höhlen begleitete er sie, nachdem er sie und besonders den Knaben gebeten hatte, nichts von ihm gegen die Bauern zu erwähnen, weil er sonst ihren Zudringlichkeiten ausgesetzt seyn würde.

Sie versprachen es alle. Wie sie von ihm schieden und sich seinem Gebet empfahlen, sagte er: Wie lange wird es währen, so sehn wir uns wieder, und werden über unsere heutigen Reden lächeln. Ein himmlischer Tag wird uns umgeben, und wir werden uns freuen, daß wir einander in diesen Thälern der Prüfung freundlich begrüßten, und von gleichen Gesinnungen und Ahndungen beseelt waren. Sie sind die Engel, die uns hier sicher geleiten. Wenn euer Auge fest am Himmel haftet, so werdet ihr nie den Weg zu eurer Heymath verlieren. – Sie trennten sich mit stiller Andacht, fanden bald ihre zaghaften Gefährten, und erreichten unter allerlei Erzählungen in Kurzem das Dorf, wo Heinrichs Mutter, die in Sorgen gewesen war, sie mit tausend Freuden empfing.

Sechstes Kapitel

Menschen, die zum Handeln, zur Geschäftigkeit geboren sind, können nicht früh genug alles selbst betrachten und beleben. Sie müssen überall selbst Hand anlegen und viele Verhältnisse durchlaufen, ihr Gemüth gegen die Eindrücke einer neuen Lage, gegen die Zerstreuungen vieler und mannichfaltiger Gegenstände gewissermaßen abhärten, und sich gewöhnen, selbst im Drange großer Begebenheiten den Faden ihres Zwecks festzuhalten, und ihn gewandt hindurchzuführen. Sie dürfen nicht den Einladungen einer stillen Betrachtung nachgeben. Ihre Seele darf keine in sich gekehrte Zuschauerin, sie muß unablässig nach außen gerichtet, und eine emsige, schnell entscheidende Dienerinn des Verstandes seyn. Sie sind Helden, und um sie her drängen sich die Begebenheiten, die geleitet und gelöst seyn wollen. Alle Zufälle werden zu Geschichten unter ihrem Einfluß, und ihr Leben ist eine ununterbrochene Kette merkwürdiger und glänzender, verwickelter und seltsamer Ereignisse.

Anders ist es mit jenen ruhigen, unbekannten Menschen, deren Welt ihr Gemüth, deren Thätigkeit die Betrachtung, deren Leben ein leises Bilden ihrer innern Kräfte ist. Keine Unruhe treibt sie nach außen. Ein stiller Besitz genügt ihnen und das unermeßliche Schauspiel außer ihnen reitzt sie nicht, selbst darinn aufzutreten, sondern kommt ihnen bedeutend und wunderbar genug vor, um seiner Betrachtung ihre Muße zu widmen. Verlangen nach dem Geiste desselben hält sie in der Ferne, und er ist es, der sie zu der geheimnißvollen Rolle des Gemüths in dieser menschlichen Welt bestimmte, während jene die äußere[n] Gliedmaßen und Sinne und die ausgehenden Kräfte derselben vorstellen.

Große und vielfache Begebenheiten würden sie stören. Ein einfaches Leben ist ihr Loos, und nur aus Erzählungen und Schriften müssen sie mit dem reichen Inhalt, und den zahllosen Erscheinungen der Welt bekannt werden. Nur selten darf im Verlauf ihres Lebens ein Vorfall sie auf einige Zeit in seine raschen Wirbel mit hereinziehn, um durch einige Erfahrungen sie von der Lage und dem Character der handelnden Menschen genauer zu unterrichten. Dagegen wird ihr empfindlicher Sinn schon genug von nahen unbedeutenden Erscheinungen beschäftigt, die ihm jene große Welt verjüngt darstellen, und sie werden keinen Schritt thun, ohne die überraschendsten Entdeckungen in sich selbst über das Wesen und die Bedeutung derselben zu machen. Es sind die Dichter, diese seltenen Zugmenschen, die zuweilen durch unsere Wohnsitze wandeln, und überall den alten ehrwürdigen Dienst der Menschheit und ihrer ersten Götter, der Gestirne, des Frühlings, der Liebe, des Glücks, der Fruchtbarkeit, der Gesundheit, und des Frohsinns erneuern; sie, die schon hier im Besitz der himmlischen Ruhe sind, und von keinen thörichten Begierden umhergetrieben, nur den Duft der irdischen Früchte einathmen, ohne sie zu verzehren und dann unwiderruflich an die Unterwelt gekettet zu seyn. Freye Gäste sind sie, deren goldener Fuß nur leise auftritt, und deren Gegenwart in Allen unwillkührlich die Flügel ausbreitet. Ein Dichter läßt sich wie ein guter König, frohen und klaren Gesichtern nach aufsuchen, und er ist es, der allein den Namen eines Weisen mit Recht führt. Wenn man ihn mit dem Helden vergleicht, so findet man, daß die Gesänge der Dichter nicht selten den Heldenmuth in jugendlichen Herzen erweckt, Heldenthaten aber wohl nie den Geist der Poesie in ein neues Gemüth gerufen haben.

Heinrich war von Natur zum Dichter geboren. Mannichfaltige Zufälle schienen sich zu seiner Bildung zu vereinigen, und noch hatte nichts seine innere Regsamkeit gestört. Alles was er sah und hörte schien nur neue Riegel in ihm wegzuschieben, und neue Fenster ihm zu öffnen. Er sah die Welt in ihren großen und abwechselnden Verhältnissen vor sich liegen. Noch war sie aber stumm, und ihre Seele, das Gespräch, noch nicht erwacht. Schon nahte sich ein Dichter, ein liebliches Mädchen an der Hand, um durch Laute der Muttersprache und durch Berührung eines süßen zärtlichen Mundes, die blöden Lippen aufzuschließen, und den einfachen Accord in unendliche Melodien zu entfalten.

Diese Reise war nun geendigt. Es war gegen Abend, als unsere Reisenden wohlbehalten und frölich in der weltberühmten Stadt Augsburg anlangten, und voller Erwartung durch die hohen Gassen nach dem ansehnlichen Hause des alten Schwaning ritten.

Heinrichen war schon die Gegend sehr reitzend vorgekommen. Das lebhafte Getümmel der Stadt und die großen, steinernen Häuser befremdeten ihn angenehm. Er freute sich inniglich über seinen künftigen Aufenthalt. Seine Mutter war sehr vergnügt nach der langen, mühseligen Reise sich hier in ihrer geliebten Vaterstadt zu sehen, bald ihren Vater und ihre alten Bekannten wieder zu umarmen, ihren Heinrich ihnen vorstellen, und einmal alle Sorgen des Hauswesens bey den traulichen Erinnerungen ihrer Jugend, ruhig vergessen zu können. Die Kaufleute hofften sich bey den dortigen Lustbarkeiten für die Unbequemlichkeiten des Weges zu entschädigen, und einträgliche Geschäfte zu machen.

Das Haus des alten Schwaning fanden sie erleuchtet, und eine lustige Musik tönte ihnen entgegen. Was gilt's, sagten die Kaufleute, euer Großvater giebt ein fröhliches Fest. Wir kommen wie gerufen. Wie wird er über die ungeladenen Gäste erstaunen. Er läßt es sich wohl nicht träumen, daß das wahre Fest nun erst angehn wird. Heinrich fühlte sich verlegen, und seine Mutter war nur wegen ihres Anzugs in Sorgen. Sie stiegen ab, die Kaufleute blieben bey den Pferden, und Heinrich und seine Mutter traten in das prächtige Haus. Unten war kein Hausgenosse zu sehen. Sie mußten die breite Wendeltreppe hinauf. Einige Diener liefen vorüber, die sie baten, dem alten Schwaning die Ankunft einiger Fremden anzusagen, die ihn zu sprechen wünschten. Die Diener machten anfangs einige Schwierigkeiten; die Reisenden sahen nicht zum Besten aus; doch meldeten sie es dem Herrn des Hauses. Der alte Schwaning kam heraus. Er kannte sie nicht gleich, und fragte nach ihrem Namen und Anliegen. Heinrichs Mutter weinte, und fiel ihm um den Hals. Kennt ihr eure Tochter nicht mehr? rief sie weinend. Ich bringe euch meinen Sohn. Der alte Vater war äußerst gerührt. Er drückte sie lange an seine Brust; Heinrich sank auf ein Knie, und küßte ihm zärtlich die Hand. Er hob ihn zu sich, und hielt Mutter und Sohn umarmt. Geschwind herein, sagte Schwaning, ich habe lauter Freunde und Bekannte bey mir, die sich herzlich mit mir freuen werden. Heinrichs Mutter schien einige Zweifel zu haben. Sie hatte keine Zeit sich zu besinnen. Der Vater führte beyde in den hohen, erleuchteten Saal. Da bringe ich meine Tochter und meinen Enkel aus Eisenach, rief Schwaning in das frohe Getümmel glänzend gekleideter Menschen. Alle Augen kehrten sich nach der Thür; alles lief herzu, die Musik schwieg, und die beyden Reisenden standen verwirrt und geblendet in ihren staubigen Kleidern, mitten in der bunten Schaar. Tausend freudige Ausrufungen gingen von Mund zu Mund. Alte Bekannte drängten sich um die Mutter. Es gab unzählige Fragen. Jedes wollte zuerst gekannt und bewillkommet seyn. Während der ältere Theil der Gesellschaft sich mit der Mutter beschäftigte, heftete sich die Aufmerksamkeit des jüngeren Theils auf den fremden Jüngling, der mit gesenktem Blick da stand, und nicht das Herz hatte, die unbekannten Gesichter wieder zu betrachten. Sein Großvater machte ihn mit der Gesellschaft bekannt, und erkundigte sich nach seinem Vater und den Vorfällen ihrer Reise.

Die Mutter gedachte der Kaufleute, die unten aus Gefälligkeit bey den Pferden geblieben waren. Sie sagte es ihrem Vater, welcher sogleich hinunter schickte, und sie einladen ließ heraufzukommen. Die Pferde wurden in die Ställe gebracht, und die Kaufleute erschienen.

Schwaning dankte ihnen herzlich für die freundschaftliche Geleitung seiner Tochter. Sie waren mit vielen Anwesenden bekannt, und begrüßten sich freundlich mit ihnen. Die Mutter wünschte sich reinlich ankleiden zu dürfen. Schwaning nahm sie auf sein Zimmer, und Heinrich folgte ihnen in gleicher Absicht.

Unter der Gesellschaft war Heinrichen ein Mann aufgefallen, den er in jenem Buche oft an seiner Seite gesehn zu haben glaubte. Sein edles Ansehn zeichnete ihn vor allen aus. Ein heitrer Ernst war der Geist seines Gesichts; eine offene schön gewölbte Stirn, große, schwarze, durchdringende und feste Augen, ein schalkhafter Zug um den frölichen Mund und durchaus klare, männliche Verhältnisse machten es bedeutend und anziehend. Er war stark gebaut, seine Bewegungen waren ruhig und ausdrucksvoll, und wo er stand, schien er ewig stehen zu wollen. Heinrich fragte seinen Großvater nach ihm. Es ist mir lieb, sagte der Alte, daß du ihn gleich bemerkt hast. Es ist mein trefflicher Freund Klingsohr, der Dichter. Auf seine Bekanntschaft und Freundschaft kannst du stolzer seyn, als auf die des Kaysers. Aber wie stehts mit deinem Herzen? Er hat eine schöne Tochter; vielleicht daß sie den Vater bey dir aussticht. Es sollte mich wundern, wenn du sie nicht gesehn hättest. Heinrich erröthete. Ich war zerstreut, lieber Großvater. Die Gesellschaft war zahlreich, und ich betrachtete nur euren Freund. Man merkt es, daß du aus Norden kömmst, erwiederte Schwaning. Wir wollen dich hier schon aufthauen. Du sollst schon lernen nach hübschen Augen sehn.

Sie waren nun fertig und begaben sich zurück in den Saal, wo indeß die Zurüstungen zum Abendessen gemacht worden waren. Der alte Schwaning führte Heinrichen auf Klingsohr zu, und erzählte ihm, daß Heinrich ihn gleich bemerkt und den lebhaftesten Wunsch habe mit ihm bekannt zu seyn.

Heinrich war beschämt. Klingsohr redete freundlich zu ihm von seinem Vaterlande und seiner Reise. Es lag soviel Zutrauliches in seiner Stimme, daß Heinrich bald ein Herz faßte und sich freymüthig mit ihm unterhielt. Nach einiger Zeit kam Schwaning wieder zu ihnen und brachte die schöne Mathilde. Nehmt euch meines schüchternen Enkels freundlich an, und verzeiht es ihm, daß er eher euren Vater als euch gesehn hat. Eure glänzenden Augen werden schon die schlummernde Jugend in ihm wecken. In seinem Vaterlande kommt der Frühling spät.

Heinrich und Mathilde wurden roth. Sie sahen sich einander mit Verwunderung an. Sie fragte ihn mit kaum hörbaren leisen Worten: Ob er gern tanze. Eben als er die Frage bejahte, fing eine fröliche Tanzmusik an. Er bot ihr schweigend seine Hand; sie gab ihm die ihrige, und sie mischten sich in die Reihe der walzenden Paare. Schwaning und Klingsohr sahen zu. Die Mutter und die Kaufleute freuten sich über Heinrichs Behendigkeit und seine liebliche Tänzerinn. Die Mutter hatte genug mit ihren Jugendfreundinnen zu sprechen, die ihr zu einem so wohlgebildeten und so hoffnungsvollen Sohn Glück wünschten. Klingsohr sagte zu Schwaning: Euer Enkel hat ein anziehendes Gesicht. Es zeigt ein klares und umfassendes Gemüth, und seine Stimme kommt tief aus dem Herzen. Ich hoffe, erwiederte Schwaning, daß er euer gelehriger Schüler seyn wird. Mich däucht er ist zum Dichter geboren. Euer Geist komme über ihn. Er sieht seinem Vater ähnlich; nur scheint er weniger heftig und eigensinnig. Jener war in seiner Jugend voll glücklicher Anlagen. Eine gewisse Freysinnigkeit fehlte ihm. Es hätte mehr aus ihm werden können, als ein fleißiger und fertiger Künstler. – Heinrich wünschte den Tanz nie zu endigen. Mit innigem Wohlbehagen ruhte sein Auge auf den Rosen seiner Tänzerin. Ihr unschuldiges Auge vermied ihn nicht. Sie schien der Geist ihres Vaters in der lieblichsten Verkleidung. Aus ihren großen ruhigen Augen sprach ewige Jugend. Auf einem lichthimmelblauen Grunde lag der milde Glanz der braunen Sterne. Stirn und Nase senkten sich zierlich um sie her. Eine nach der aufgehenden Sonne geneigte Lilie war ihr Gesicht, und von dem schlanken, weißen Halse schlängelten sich blaue Adern in reizenden Windungen um die zarten Wangen. Ihre Stimme war wie ein fernes Echo, und das braune lockige Köpfchen schien über der leichten Gestalt nur zu schweben.

Die Schüsseln kamen herein, und der Tanz war aus. Die älteren Leute setzten sich auf die Eine Seite, und die jüngern nahmen die Andere ein.

Heinrich blieb bey Mathilden. Eine junge Verwandte setzte sich zu seiner Linken, und Klingsohr saß ihm gerade gegenüber. So wenig Mathilde sprach, so gesprächig war Veronika, seine andere Nachbarin. Sie that gleich mit ihm vertraut und machte ihn in kurzem mit allen Anwesenden bekannt. Heinrich verhörte manches. Er war noch bey seiner Tänzerin, und hätte sich gern öfters rechts gewandt. Klingsohr machte ihrem Plaudern ein Ende. Er fragte ihn nach dem Bande mit sonderbaren Figuren, was Heinrich an seinem Leibrocke befestigt hatte. Heinrich erzählte von der Morgenländerin mit vieler Rührung. Mathilde weinte, und Heinrich konnte nun seine Thränen kaum verbergen. Er gerieth darüber mit ihr ins Gespräch. Alle unterhielten sich; Veronika lachte und scherzte mit ihren Bekannten. Mathilde erzählte ihm von Ungarn, wo ihr Vater sich oft aufhielt, und von dem Leben in Augsburg. Alle waren vergnügt. Die Musik verscheuchte die Zurückhaltung und reizte alle Neigungen zu einem muntern Spiel. Blumenkörbe dufteten in voller Pracht auf dem Tische, und der Wein schlich zwischen den Schüsseln und Blumen umher, schüttelte seine goldnen Flügel und stellte bunte

Tapeten zwischen die Welt und die Gäste. Heinrich begriff erst jetzt, was ein Fest sey. Tausend frohe Geister schienen ihm um den Tisch zu gaukeln, und in stiller Sympathie mit den frölichen Menschen von ihren Freuden zu leben und mit ihren Genüssen sich zu berauschen. Der Lebensgenuß stand wie ein klingender Baum voll goldener Früchte vor ihm. Das Übel ließ sich nicht sehen, und es dünkte ihm unmöglich, daß je die menschliche Neigung von diesem Baume zu der gefährlichen Frucht des Erkenntnisses, zu dem Baume des Krieges sich gewendet haben sollte. Er verstand nun den Wein und die Speisen. Sie schmeckten ihm überaus köstlich. Ein himmlisches Öl würzte sie ihm, und aus dem Becher funkelte die Herrlichkeit des irdischen Lebens. Einige Mädchen brachten dem alten Schwaning einen frischen Kranz. Er setzte ihn auf, küßte sie, und sagte: Auch unserm Freund Klingsohr müßt ihr einen bringen, wir wollen beyde zum Dank euch ein paar neue Lieder lehren. Das meinige sollt ihr gleich haben. Er gab der Musik ein Zeichen, und sang mit lauter Stimme:

Sind wir nicht geplagte Wesen?
Ist nicht unser Loos betrübt?
Nur zu Zwang und Noth erlesen
In Verstellung nur geübt,
Dürfen selbst nicht unsre Klagen
Sich aus unserm Busen wagen.

Allem was die Eltern sprechen,
Widerspricht das volle Herz.
Die verbotne Frucht zu brechen
Fühlen wir der Sehnsucht Schmerz;
Möchten gern die süßen Knaben
Fest an unserm Herzen haben.

Wäre dies zu denken Sünde?
Zollfrey sind Gedanken doch.
Was bleibt einem armen Kinde
Außer süßen Träumen noch?
Will man sie auch gern verbannen,
Nimmer ziehen sie von dannen.

Wenn wir auch des Abends beten,
Schreckt uns doch die Einsamkeit,
Und zu unsern Küssen treten
Sehnsucht und Gefälligkeit.
Könnten wir wohl widerstreben
Alles, Alles hinzugeben?

Unsere Reize zu verhüllen,
Schreibt die strenge Mutter vor.
Ach! was hilft der gute Willen,
Quellen sie nicht selbst empor?
Bey der Sehnsucht innrem Beben
Muß das beste Band sich geben.

Jede Neigung zu verschließen,
Hart und kalt zu seyn, wie Stein,
Schöne Augen nicht zu grüßen,
Fleißig und allein zu seyn,
Keiner Bitte nachzugeben:
Heißt das wohl ein Jugendleben?

Groß sind eines Mädchens Plagen,
Ihre Brust ist krank und wund,
Und zum Lohn für stille Klagen
Küßt sie noch ein welker Mund.
Wird denn nie das Blatt sich wenden,
Und das Reich der Alten enden?

Die alten Leute und die Jünglinge lachten. Die Mädchen errötheten und lächelten abwärts. Unter tausend Neckereyen wurde ein zweiter Kranz geholt, und Klingsohren aufgesetzt. Sie baten aber inständigst um keinen so leichtfertigen Gesang. Nein, sagte Klingsohr, ich werde mich wohl hüten so frevelhaft von euren Geheimnissen zu reden. Sagt selbst, was ihr für ein Lied haben wollt. Nur nichts von Liebe, riefen die Mädchen, ein Weinlied, wenn es euch ansteht. Klingsohr sang:

Auf grünen Bergen wird geboren,
Der Gott, der uns den Himmel bringt.

Die Sonne hat ihn sich erkohren,
Daß sie mit Flammen ihn durchdringt.

Er wird im Lenz mit Lust empfangen,
Der zarte Schoß quillt still empor,
Und wenn des Herbstes Früchte prangen
Springt auch das goldne Kind hervor.

Sie legen ihn in enge Wiegen
In's unterirdische Geschoß.
Er träumt von Festen und von Siegen
Und baut sich manches luft'ge Schloß.

Es nahe keiner seiner Kammer,
Wenn er sich ungeduldig drängt,
Und jedes Band und jede Klammer
Mit jugendlichen Kräften sprengt.

Denn unsichtbare Wächter stellen
So lang er träumt sich um ihn her;
Und wer betritt die heil'gen Schwellen,
Den trift ihr luftumwundner Speer.

So wie die Schwingen sich entfalten,
Läßt er die lichten Augen sehn,
Läßt ruhig seine Priester schalten
Und kommt heraus wenn sie ihm flehn.

Aus seiner Wiege dunklem Schooße,
Erscheint er in Krystallgewand;
Verschwiegener Eintracht volle Rose
Trägt er bedeutend in der Hand.

Und überall um ihn versammeln
Sich seine Jünger hocherfreut;
Und tausend frohe Zungen stammeln,
Ihm ihre Lieb' und Dankbarkeit.

Er sprützt in ungezählten Strahlen
Sein innres Leben in die Welt,
Die Liebe nippt aus seinen Schalen
Und bleibt ihm ewig zugesellt.

Er nahm als Geist der goldnen Zeiten
Von jeher sich des Dichters an,
Der immer seine Lieblichkeiten
In trunknen Liedern aufgethan.

Er gab ihm, seine Treu zu ehren,
Ein Recht auf jeden hübschen Mund,
Und daß es keine darf ihm wehren,
Macht Gott durch ihn es allen kund.

Ein schöner Profet! riefen die Mädchen. Schwaning freute sich herzlich. Sie machten noch einige Einwendungen, aber es half nichts. Sie mußten ihm die süßen Lippen hinreichen. Heinrich schämte sich nur vor seiner ernsten Nachbarin, sonst hätte er sich laut über das Vorrecht der Dichter gefreut. Veronika war unter den Kranzträgerinnen. Sie kam frölich zurück und sagte zu Heinrich: Nicht wahr, es ist hübsch, wenn man ein Dichter ist? Heinrich getraute sich nicht, diese Frage zu benutzen. Der Übermuth der Freude und der Ernst der ersten Liebe kämpften in seinem Gemüth. Die reizende Veronika scherzte mit den Andern, und so gewann er Zeit, den ersten etwas zu dämpfen. Mathilde erzählte ihm, daß sie die Guitarre spiele. Ach! sagte Heinrich, von euch möchte ich sie lernen. Ich habe mich lange darnach gesehnt. – Mein Vater hat mich unterrichtet. Er spielt sie unvergleichlich, sagte sie erröthend. – Ich glaube doch, erwiederte Heinrich, daß ich sie schneller bey euch lerne. Wie freue ich mich euren Gesang zu hören. – Stellt euch nur nicht zu viel vor. – O! sagte Heinrich, was sollte ich nicht erwarten können, da eure bloße Rede schon Gesang ist, und eure Gestalt eine himmlische Musik verkündigt.

Mathilde schwieg. Ihr Vater fing ein Gespräch mit ihm an, in welchem Heinrich mit der lebhaftesten Begeisterung sprach. Die Nächsten wunderten sich über des Jünglings Beredsamkeit, über die Fülle seiner bildlichen Gedanken. Mathilde sah ihn mit stiller Aufmerksamkeit an. Sie schien sich über seine Reden zu freuen, die sein Gesicht mit den sprechendsten Mienen noch mehr erklärte. Seine Augen glänzten ungewöhnlich. Er sah sich zuweilen nach Mathilden um, die über den Ausdruck seines Gesichts erstaunte. Im Feuer des Gesprächs ergriff er unvermerkt ihre Hand, und sie konnte nicht umhin, manches was er sagte, mit einem leisen Druck zu bestätigen. Klingsohr wußte seinen Enthusiasmus zu unterhalten, und lockte allmählich seine ganze Seele auf die Lippen. Endlich stand alles auf. Alles schwärmte durch einander. Heinrich war an Mathildens Seite geblieben. Sie standen unbemerkt abwärts. Er hielt ihre Hand und küßte sie zärtlich. Sie ließ sie ihm, und blickte ihn mit unbeschreiblicher Freundlichkeit an. Er konnte sich nicht halten, neigte sich zu ihr und küßte ihre Lippen. Sie war überrascht, und erwiederte unwillkührlich seinen heißen Kuß. Gute Mathilde, lieber Heinrich das war alles, was sie einander sagen konnten. Sie drückte seine Hand, und ging unter die Andern. Heinrich stand, wie im Himmel. Seine Mutter kam auf ihn zu. Er ließ seine ganze Zärtlichkeit an ihr aus. Sie sagte: Ist es nicht gut, daß wir nach Augsburg gereist sind? Nicht wahr, es gefällt dir? Liebe Mutter, sagte Heinrich, so habe ich mir es doch nicht vorgestellt. Es ist ganz herrlich.

Der Rest des Abends verging in unendlicher Fröhlichkeit. Die Alten spielten, plauderten, und sahen den Tänzen zu. Die Musik wogte wie ein Lustmeer im Saale, und hob die berauschte Jugend.

Heinrich fühlte die entzückenden Weissagungen der ersten Lust und Liebe zugleich. Auch Mathilde ließ sich willig von den schmeichelnden Wellen tragen, und verbarg ihr zärtliches Zutrauen, ihre aufkeimende Neigung zu ihm nur hinter einem leichten Flor. Der alte Schwaning bemerkte das kommende Verständniß, und neckte beyde.

Klingsohr hatte Heinrichen lieb gewonnen, und freute sich seiner Zärtlichkeit. Die andern Jünglinge und Mädchen hatten es bald bemerkt. Sie zogen die ernste Mathilde mit dem jungen Thüringer auf, und verhehlten nicht, daß es ihnen lieb sey, Mathildens Aufmerksamkeit nicht mehr bey ihren Herzensgeschäften scheuen zu dürfen.

Es war tief in der Nacht, als die Gesellschaft auseinanderging. Das erste und einzige Fest meines Lebens, sagte Heinrich zu sich selbst, als er allein war, und seine Mutter sich ermüdet zur Ruhe gelegt hatte. Ist mir nicht zu Muthe, wie in jenem Traume, beym Anblick der blauen Blume? Welcher sonderbare Zusammenhang ist zwischen Mathilden und dieser Blume? Jenes Gesicht, das aus dem Kelche sich mir entgegenneigte, es war Mathildens himmlisches Gesicht, und nun erinnere ich mich auch, es in jenem Buche gesehn zu haben. Aber warum hat es dort mein Herz nicht so bewegt? O! sie ist der sichtbare Geist des Gesanges, eine würdige Tochter ihres Vaters. Sie wird mich in Musik auflösen. Sie wird meine innerste Seele, die Hüterin meines heiligen Feuers seyn. Welche Ewigkeit von Treue fühle ich in mir! Ich ward nur geboren, um sie zu verehren, um ihr ewig zu dienen, um sie zu denken und zu empfinden. Gehört nicht ein eigenes ungetheiltes Daseyn zu ihrer Anschauung und Anbetung? und bin ich der Glückliche, dessen Wesen das Echo, der Spiegel des ihrigen seyn darf? Es war kein Zufall, daß ich sie am Ende meiner Reise sah, daß ein seliges Fest den höchsten Augenblick meines Lebens umgab. Es konnte nicht anders seyn; macht ihre Gegenwart nicht alles festlich?

Er trat ans Fenster. Das Chor der Gestirne stand am dunkeln Himmel, und im Morgen kündigte ein weißer Schein den kommenden Tag an.

Mit vollem Entzücken rief Heinrich aus: Euch, ihr ewigen Gestirne, ihr stillen Wandrer, euch rufe ich zu Zeugen meines heiligen Schwurs an. Für Mathilden will ich leben, und ewige Treue soll mein Herz an das ihrige knüpfen. Auch mir bricht der Morgen eines ewigen Tages an. Die Nacht ist vorüber. Ich zünde der aufgehenden Sonne mich selbst zum nieverglühenden Opfer an.

Heinrich war erhitzt, und nur spät gegen Morgen schlief er ein. In wunderliche Träume flossen die Gedanken seiner Seele zusammen. Ein tiefer blauer Strom schimmerte aus der grünen Ebene herauf. Auf der glatten Fläche schwamm ein Kahn. Mathilde saß und ruderte. Sie war mit Kränzen geschmückt, sang ein einfaches Lied, und sah nach ihm mit süßer Wehmuth herüber. Seine Brust war beklommen. Er wußte nicht warum. Der Himmel war heiter, die Flut ruhig. Ihr himmlisches Gesicht spiegelte sich in den Wellen. Auf einmal fing der Kahn an sich umzudrehen. Er rief ihr ängstlich zu. Sie lächelte und legte das Ruder in den Kahn, der sich immerwährend drehte. Eine ungeheure Bangigkeit ergriff ihn. Er stürzte sich in den Strom; aber er konnte nicht fort, das Wasser trug ihn. Sie winkte, sie schien ihm etwas sagen zu wollen, der Kahn schöpfte schon Wasser; doch lächelte sie mit einer unsäglichen Innigkeit, und sah heiter in den Wirbel hinein. Auf einmal zog es sie hinunter. Eine leise Luft strich über den Strom, der eben so ruhig und glänzend floß, wie vorher. Die entsetzliche Angst raubte ihm das Bewußtseyn. Das Herz schlug nicht mehr. Er kam erst zu sich, als er sich auf trocknem Boden fühlte. Er mochte weit geschwommen seyn. Es war eine fremde Gegend. Er wußte nicht wie ihm geschehen war. Sein Gemüth war verschwunden. Gedankenlos ging er tiefer ins Land. Entsetzlich matt fühlte er sich. Eine kleine Quelle kam aus einem Hügel, sie tönte wie lauter Glocken. Mit der Hand schöpfte er einige Tropfen und netzte seine dürren Lippen. Wie ein banger Traum lag die schreckliche Begebenheit hinter ihm. Immer weiter und weiter ging er, Blumen und Bäume redeten ihn an. Ihm wurde so wohl und heymathlich zu Sinne. Da hörte er jenes einfache Lied wieder. Er lief den Tönen nach. Auf einmal hielt ihn jemand am Gewande zurück. Lieber Heinrich, rief eine bekannte Stimme. Er sah sich um, und Mathilde schloß ihn in ihre Arme. Warum liefst du vor mir, liebes Herz? sagte sie tiefathmend. Kaum konnte ich dich einholen. Heinrich weinte. Er drückte sie an sich. – Wo ist der Strom? rief er mit Thränen. – Siehst du nicht seine blauen Wellen über uns? Er sah hinauf, und der blaue Strom floß leise über ihrem Haupte. Wo sind wir, liebe Mathilde? Bey unsern Eltern. Bleiben wir zusammen? Ewig, versetzte sie, indem sie ihre Lippen an die seinigen drückte, und ihn so umschloß, daß sie nicht wieder von ihm konnte. Sie sagte ihm ein wunderbares geheimes Wort in den Mund, was sein ganzes Wesen durchklang. Er wollte es wiederholen, als sein Großvater rief, und er aufwachte. Er hätte sein Leben darum geben mögen, das Wort noch zu wissen.

Siebentes Kapitel

Klingsohr stand vor seinem Bette, und bot ihm freundlich guten Morgen. Er ward munter und fiel Klingsohr um den Hals. Das gilt euch nicht, sagte Schwaning. Heinrich lächelte und verbarg sein Erröthen an den Wangen seiner Mutter.

Habt ihr Lust mit mit vor der Stadt auf einer schönen Anhöhe zu frühstücken? sagte Klingsohr. Der herrliche Morgen wird euch erfrischen. Kleidet euch an. Mathilde wartet schon auf uns.

Heinrich dankte mit tausend Freuden für diese willkommene Einladung. In einem Augenblick war er fertig, und küßte Klingsohr mit vieler Inbrunst die Hand.

Sie gingen zu Mathilden, die in ihrem einfachen Morgenkleide wunderlieblich aussah und ihn freundlich grüßte. Sie hatte schon das Frühstück in ein Körbchen gepackt, das sie an den Einen Arm hing, und die andere Hand unbefangen Heinrichen reichte. Klingsohr folgte ihnen, und so wandelten sie durch die Stadt, die schon voller Lebendigkeit war, nach einem kleinen Hügel am Flusse, wo sich unter einigen hohen Bäumen eine weite und volle Aussicht öffnete.

Habe ich doch schon oft, rief Heinrich aus, mich an dem Aufgang der bunten Natur, an der friedlichen Nachbarschaft ihres mannichfaltigen Eigenthums ergötzt; aber eine so schöpferische und gediegene Heiterkeit hat mich noch nie erfüllt wie heute. Jene Fernen sind mir sò nah, und die reiche Landschaft ist mir wie eine innere Fantasie. Wie veränderlich ist die Natur, so unwandelbar auch ihre Oberfläche zu seyn scheint. Wie anders ist sie, wenn ein Engel, wenn ein kräftigerer Geist neben uns ist, als wenn ein Nothleidender vor uns klagt, oder ein Bauer uns erzählt, wie ungünstig die Witterung ihm sey, und wie nöthig er düstre Regentage für seine Saat brauche. Euch, theuerster Meister, bin ich dieses Vergnügen schuldig; ja dieses Vergnügen, denn es giebt kein anderes Wort, was wahrhafter den Zustand meines Herzens ausdrückte. Freude, Lust und Entzücken sind nur die Glieder des Vergnügens, das sie zu einem höhern Leben verknüpft. Er drückte Mathildens Hand an sein Herz, und versank mit einem feurigen Blick in ihr mildes, empfängliches Auge.

Die Natur, versetzte Klingsohr, ist für unser Gemüth, was ein Körper für das Licht ist. Er hält es zurück; er bricht es in eigenthümliche Farben; er zündet auf seiner Oberfläche oder in seinem Innern ein Licht an, das, wenn es seiner Dunkelheit gleich kommt, ihn klar und durchsichtig macht, wenn es sie überwiegt, von ihm ausgeht, um andere Körper zu erleuchten. Aber selbst der dunkelste Körper kann durch Wasser, Feuer und Luft dahin gebracht werden, daß er hell und glänzend wird.

Ich verstehe euch, lieber Meister. Die Menschen sind Krystalle für unser Gemüth. Sie sind die durchsichtige Natur. Liebe Mathilde, ich möchte euch einen köstlichen lautern Sapphir nennen. Ihr seyd klar und durchsichtig wie der Himmel, ihr erleuchtet mit dem mildesten Lichte. Aber sagt mir, lieber Meister, ob ich recht habe: mich dünkt, daß man gerade wenn man am innigsten mit der Natur vertraut ist am wenigsten von ihr sagen könnte und möchte.

Wie man das nimmt, versetzte Klingsohr; ein anderes ist es mit der Natur für unsern Genuß und unser Gemüth, ein anderes mit der Natur für unsern Verstand, für das leitende Vermögen unserer Weltkräfte. Man muß sich wohl hüten, nicht eins über das andere zu vergessen. Es giebt viele, die nur die Eine Seite kennen und die andere geringschätzen. Aber beyde kann man vereinigen, und man wird sich wohl dabey befinden. Schade, daß so wenige darauf denken, sich in ihrem Innern frey und geschickt bewegen zu können, und durch eine gehörige Trennung sich den zweckmäßigsten und natürlichsten Gebrauch ihrer Gemüthskräfte zu sichern. Gewöhnlich hindert eine die andere, und so entsteht allmälich eine unbehülfliche Trägheit, daß wenn nun solche Menschen einmal mit gesammten Kräften aufstehen wollen, eine gewaltige Verwirrung und Streit beginnt, und alles übereinander ungeschickt herstolpert. Ich kann euch nicht genug anrühmen, euren Verstand, euren natürlichen Trieb zu wissen, wie alles sich begiebt und untereinander nach Gesetzen der Folge zusammenhängt, mit Fleiß und Mühe zu unterstützen. Nichts ist dem Dichter unentbehrlicher, als Einsicht in die Natur jedes Geschäfts, Bekanntschaft mit den Mitteln jeden Zweck zu erreichen, und Gegenwart des Geistes, nach Zeit und Umständen, die schicklichsten zu wählen. Begeisterung ohne Verstand ist unnütz und gefährlich, und der Dichter wird wenig Wunder thun können, wenn er selbst über Wunder erstaunt.

Ist aber dem Dichter nicht ein inniger Glaube an die menschliche Regierung des Schicksals unentbehrlich?

Unentbehrlich allerdings, weil er sich das Schicksal nicht anders vorstellen kann, wenn er reiflich darüber nachdenkt; aber wie entfernt ist diese heitere Gewißheit, von jener ängstlichen Ungewißheit, von jener blinden Furcht des Aberglaubens. Und so ist auch die kühle, belebende Wärme eines dichterischen Gemüths gerade das Widerspiel von jener wilden Hitze eines kränklichen Herzens. Diese ist arm, betäubend und vorübergehend; jene sondert alle Gestalten rein ab, begünstigt die Ausbildung der mannigfaltigsten Verhältnisse, und ist ewig durch sich selbst. Der junge Dichter kann nicht kühl, nicht besonnen genug seyn. Zur wahren, melodischen Gesprächigkeit gehört ein weiter, aufmerksamer und ruhiger Sinn. Es wird ein verworrnes Geschwätz, wenn ein reißender Sturm in der Brust tobt, und die Aufmerksamkeit in eine zitternde Gedankenlosigkeit auflöst. Nochmals wiederhole ich, das ächte Gemüth ist wie das Licht, eben so ruhig und empfindlich, eben so elastisch und durchdringlich, eben so mächtig und eben so unmerklich wirksam als dieses köstliche Element, das auf alle Gegenstände sich mit feiner Abgemessenheit vertheilt, und sie alle in reizender Mannichfaltigkeit erscheinen läßt. Der Dichter ist reiner Stahl, eben so empfindlich, wie ein zerbrechlicher Glasfaden, und eben so hart, wie ein ungeschmeidiger Kiesel.

Ich habe das schon zuweilen gefühlt, sagte Heinrich, daß ich in den innigsten Minuten weniger lebendig war, als zu andern Zeiten, wo ich frey umhergehn und alle Beschäftigungen mit Lust treiben konnte. Ein geistiges scharfes Wesen durchdrang mich dann, und ich durfte jeden Sinn nach Gefallen brauchen, jeden Gedanken, wie einen wirklichen Körper, umwenden und von allen Seiten betrachten. Ich stand mit stillem Antheil an der Werkstatt meines Vaters, und freute mich, wenn ich ihm helfen und etwas geschickt zu Stande bringen konnte. Geschicklichkeit hat einen ganz besondern stärkenden Reiz, und es ist wahr, ihr

Bewußtseyn verschafft einen dauerhafteren und deutlicheren Genuß, als jenes überfließende Gefühl einer unbegreiflichen, überschwenglichen Herrlichkeit.

Glaubt nicht, sagte Klingsohr, daß ich das letztere tadle; aber es muß von selbst kommen, und nicht gesucht werden. Seine sparsame Erscheinung ist wohlthätig; öfterer wird sie ermüdend und schwächend. Man kann nicht schnell genug sich aus der süßen Betäubung reißen, die es hinterläßt, und zu einer regelmäßigen und mühsamen Beschäftigung zurückkehren. Es ist wie mit dem anmuthigen Morgenträumen, aus deren einschläferndem Wirbel man nur mit Gewalt sich herausziehen kann, wenn man nicht in immer drückendere Müdigkeit gerathen, und so in krankhafter Erschöpfung nachher den ganzen Tag hinschleppen will.

Die Poesie will vorzüglich, fuhr Klingsohr fort, als strenge Kunst getrieben werden. Als bloßer Genuß hört sie auf Poesie zu seyn. Ein Dichter muß nicht den ganzen Tag müßig umherlaufen, und auf Bilder und Gefühle Jagd machen. Das ist ganz der verkehrte Weg. Ein reines offenes Gemüth, Gewand[t]heit im Nachdenken und Betrachten, und Geschicklichkeit alle seine Fähigkeiten in eine gegenseitig belebende Thätigkeit zu versetzen und darin zu erhalten, das sind die Erfordernisse unserer Kunst. Wenn ihr euch mir überlassen wollt, so soll kein Tag euch vergehn, wo ihr nicht eure Kenntnisse bereichert, und einige nützliche Einsichten erlangt habt. Die Stadt ist reich an Künstlern aller Art. Es giebt einige erfahrne Staatsmänner, einige gebildete Kaufleute hier. Man kann ohne große Umstände mit allen Ständen, mit allen Gewerben, mit allen Verhältnissen und Erfordernissen der menschlichen Gesellschaft sich bekannt machen. Ich will euch mit Freuden in dem Handwerksmäßigen unserer Kunst unterrichten, und die merkwürdigsten Schriften mit euch lesen. Ihr könnt Mathildens Lehrstunden theilen, und sie wird euch gern die Guitarre spielen lehren. Jede Beschäftigung wird die übrigen vorbereiten, und wenn ihr so euren Tag gut angelegt habt, so werden euch das Gespräch und die Freuden des gesellschaftlichen Abends, und die Ansichten der schönen Landschaft umher mit den heitersten Genüssen immer wieder überraschen.

Welches herrliche Leben schließt ihr mir auf, liebster Meister. Unter eurer Leitung werde ich erst merken, welches edle Ziel vor mir steht, und wie ich es nur durch euren Rath zu erreichen hoffen darf.

Klingsohr umarmte ihn zärtlich. Mathilde brachte ihnen das Frühstück, und Heinrich fragte sie mit zärtlicher Stimme, ob sie ihn gern zum Begleiter ihres Unterrichts und zum Schüler annehmen wollte. Ich werde wohl ewig euer Schüler bleiben, sagte er, indem sich Klingsohr nach einer anderen Seite wandte. Sie neigte sich unmerklich zu ihm hin. Er umschlang sie und küßte den weichen Mund des erröthenden Mädchens. Nur sanft bog sie sich von ihm weg, doch reichte sie ihm mit der kindlichsten Anmuth eine Rose, die sie am Busen trug. Sie machte sich mit ihrem Körbchen zu thun. Heinrich sah ihr mit stillem Entzücken nach, küßte die Rose, heftete sie an seine Brust, und ging an Klingsohrs Seite, der nach der Stadt hinüber sah.

Wo seyd ihr hergekommen? fragte Klingsohr. Über jenen Hügel herunter, erwiederte Heinrich. In jene Ferne verliert sich unser Weg. – Ihr müßt schöne Gegenden gesehn haben. – Fast ununterbrochen sind wir durch reizende Landschaften gereiset. – Auch eure Vaterstadt hat wohl eine anmuthige Lage? – Die Gegend ist abwechselnd genug; doch ist sie noch wild, und ein großer Fluß fehlt ihr. Die Ströme sind die Augen einer Landschaft. – Die Erzählung eurer Reise, sagte Klingsohr, hat mir gestern abend eine angenehme Unterhaltung gewährt. Ich habe wohl gemerkt, daß der Geist der Dichtkunst euer freundlicher Begleiter ist. Eure Gefährten sind unbemerkt seine Stimmen geworden. In der Nähe des Dichters bricht die Poesie überall aus. Das Land der Poesie, das romantische Morgenland, hat euch mit seiner süßen Wehmuth begrüßt; der Krieg hat euch in seiner wilden Herrlichkeit angeredet, und die Natur und Geschichte sind euch unter der Gestalt eines Bergmanns und eines Einsiedlers begegnet.

Ihr vergeßt das Beste, lieber Meister, die himmlische Erscheinung der Liebe. Es hängt nur von euch ab, diese Erscheinung mir auf ewig festzuhalten. Was meynst du, rief Klingsohr, indem er sich zu Mathilden wandte, die eben auf ihn zukam. Hast du Lust

Heinrichs unzertrennliche Gefährtinn zu seyn? Wo du bleibst, bleibe ich auch. Mathilde erschrak, sie flog in die Arme ihres Vaters. Heinrich zitterte in unendlicher Freude. Wird er mich denn ewig geleiten wollen, lieber Vater? Frage ihn selbst, sagte Klingsohr gerührt. Sie sah Heinrichen mit der innigsten Zärtlichkeit an. Meine Ewigkeit ist ja dein Werk, rief Heinrich, indem ihm die Thränen über die blühenden Wangen stürzten. Sie umschlangen sich zugleich. Klingsohr faßte sie in seine Arme. Meine Kinder, rief er, seyd einander treu bis in den Tod! Liebe und Treue werden euer Leben zur ewigen Poesie machen.

Achtes Kapitel

Nachmittags führte Klingsohr seinen neuen Sohn, an dessen Glück seine Mutter und Großvater den zärtlichsten Antheil nahmen, und Mathilden wie seinen Schutzgeist verehrten, in seine Stube, und machte ihn mit den Büchern bekannt. Sie sprachen nachher von Poesie.

Ich weiß nicht, sagte Klingsohr, warum man es für Poesie nach gemeiner Weise hält, wenn man die Natur für einen Poeten ausgiebt. Sie ist es nicht zu allen Zeiten. Es ist in ihr, wie in dem Menschen, ein entgegengesetztes Wesen, die dumpfe Begierde und die stumpfe Gefühllosigkeit und Trägheit, die einen rastlosen Streit mit der Poesie führen. Er wäre ein schöner Stoff zu einem Gedicht, dieser gewaltige Kampf. Manche Länder und Zeiten scheinen, wie die meisten Menschen, ganz unter der Botmäßigkeit dieser Feindinn der Poesie zu stehen, dagegen in andern die Poesie einheimisch und überall sichtbar ist. Für den Geschichtschreiber sind die Zeiten dieses Kampfes äußerst merkwürdig, ihre Darstellung ein reizendes und belohnendes Geschäft. Es sind gewöhnlich die Geburtszeiten der Dichter. Der Widersacherinn ist nichts unangenehmer, als daß sie der Poesie gegenüber selbst zu einer poetischen Person wird, und nicht selten in der Hitze die Waffen mit ihr tauscht, und von ihrem eigenen heimtückischen Geschosse heftig getroffen wird, dahingegen die Wunden der Poesie, die sie von ihren eigenen

Waffen erhält, leicht heilen und sie nur noch reitzender und gewaltiger machen.

Der Krieg überhaupt, sagte Heinrich, scheint mir eine poetische Wirkung. Die Leute glauben sich für irgend einen armseligen Besitz schlagen zu müssen, und merken nicht, daß sie der romantische Geist aufregt, um die unnützen Schlechtigkeiten durch sich selbst zu vernichten. Sie führen die Waffen für die Sache der Poesie, und beyde Heere folgen Einer unsichtbaren Fahne.

Im Kriege, versetzte Klingsohr, regt sich das Urgewässer. Neue Welttheile sollen entstehen, neue Geschlechter sollen aus der großen Auflösung anschießen. Der wahre Krieg ist der Religionskrieg; der geht gerade zu auf Untergang, und der Wahnsinn der Menschen erscheint in seiner völligen Gestalt. Viele Kriege, besonders die vom Nationalhaß entspringen, gehören in diese Klasse mit, und sie sind ächte Dichtungen. Hier sind die wahren Helden zu Hause, die das edelste Gegenbild der Dichter, nichts anders, als unwillkührlich von Poesie durchdrungene Weltkräfte sind. Ein Dichter, der zugleich Held wäre, ist schon ein göttlicher Gesandter, aber seiner Darstellung ist unsere Poesie nicht gewachsen.

Wie versteht ihr das, lieber Vater? sagte Heinrich. Kann ein Gegenstand zu überschwänglich für die Poesie sein?

Allerdings. Nur kann man im Grunde nicht sagen, für die Poesie, sondern nur für unsere irdischen Mittel und Werkzeuge. Wenn es schon für einen einzelnen Dichter nur ein eigenthümliches Gebiet giebt, innerhalb dessen er bleiben muß, um nicht alle Haltung und den Athem zu verlieren: so giebt es auch für die ganze Summe menschlicher Kräfte eine bestimmte Grenze der Darstellbarkeit, über welche hinaus die Darstellung die nöthige Dichtigkeit und Gestaltung nicht behalten kann, und in ein leeres täuschendes Unding sich verliert. Besonders als Lehrling kann man nicht genug sich vor diesen Ausschweifungen hüten, da eine lebhafte Fantasie nur gar zu gern nach den Grenzen sich begiebt, und übermüthig das Unsinnliche, Übermäßige zu ergreifen und auszusprechen sucht. Reifere Erfahrung lehrt erst, jene Unverhältnißmäßigkeit der Gegenstände zu vermeiden, und die Aufspürung des Einfachsten und Höchsten der Weltweisheit zu überlassen. Der ältere Dichter steigt nicht höher, als er es gerade nöthig hat, um seinen mannichfaltigen Vorrath in eine leichtfaßliche Ordnung zu stellen, und hütet sich wohl, die Mannichfaltigkeit zu verlassen, die ihm Stoff genug und auch die nöthigen Vergleichungspunkte darbietet. Ich möchte fast sagen, das Chaos muß in jeder Dichtung durch den regelmäßigen Flor der Ordnung schimmern. Den Reichthum der Erfindung macht nur eine leichte Zusammenstellung faßlich und anmuthig, dagegen auch das bloße Ebenmaaß die unangenehme Dürre einer Zahlenfigur hat. Die beste Poesie liegt uns ganz nahe, und ein gewöhnlicher Gegenstand ist nicht selten ihr liebster Stoff. Für den Dichter ist die Poesie an beschränkte Werkzeuge gebunden, und eben dadurch wird sie zur Kunst. Die Sprache überhaupt hat ihren bestimmten Kreis. Noch enger ist der Umfang einer besondern Volkssprache. Durch Übung und Nachdenken lernt der Dichter seine Sprache kennen. Er weiß, was er mit ihr leisten kann, genau, und wird keinen thörichten Versuch machen, sie über ihre Kräfte anzuspannen. Nur selten wird er alle ihre Kräfte in Einen Punkt zusammen drängen, denn sonst wird er ermüdend, und vernichtet selbst die kostbare Wirkung einer gutangebrachten Kraftäußerung. Auf seltsame Sprünge richtet sie nur ein Gaukler, kein Dichter ab. Überhaupt können die Dichter nicht genug von den Musikern und Mahlern lernen. In diesen Künsten wird es recht auffallend, wie nöthig es ist, wirthschaftlich mit den Hülfsmitteln der Kunst umzugehn, und wie viel auf geschickte Verhältnisse ankommt. Dagegen könnten freylich jene Künstler auch von uns die poetische Unabhängigkeit und den innern Geist jeder Dichtung und Erfindung, jedes ächten Kunstwerks überhaupt, dankbar annehmen. Sie sollten poetischer und wir musikalischer und mahlerischer seyn – beydes nach der Art und Weise unserer Kunst. Der Stoff ist nicht der Zweck der Kunst, aber die Ausführung ist es. Du wirst selbst sehen, welche Gesänge dir am besten gerathen, gewiß die, deren Gegenstände dir am geläufigsten und gegenwärtigsten sind. Daher kann man sagen, daß die Poesie ganz auf Erfahrung beruht. Ich weiß selbst, daß mir in jungen Jahren ein Gegenstand nicht leicht zu entfernt und zu unbekannt seyn konnte, den ich nicht am liebsten besungen hätte. Was wurde es? ein leeres, armseliges Wortgeräusch, ohne einen Funken wahrer Poesie. Daher ist auch ein Mährchen eine sehr schwierige Aufgabe, und selten wird ein junger Dichter sie gut lösen.

Ich möchte gern eins von Dir hören, sagte Heinrich. Die wenigen, die ich gehört habe, haben mich unbeschreiblich ergötzt, so unbedeutend sie auch seyn mochten.

Ich will heute abend deinen Wunsch befriedigen. Es ist mir Eins erinnerlich, was ich noch in ziemlich jungen Jahren machte, wovon es auch noch deutliche Spuren an sich trägt, indeß wird es dich vielleicht desto lehrreicher unterhalten, und dich an manches erinnern, was ich dir gesagt habe.

Die Sprache, sagte Heinrich, ist wirklich eine kleine Welt in Zeichen und Tönen. Wie der Mensch sie beherrscht, so möchte er gern die große Welt beherrschen, und sich frey darinn ausdrükken können. Und eben in dieser Freude, das, was außer der Welt ist, in ihr zu offenbaren, das thun zu können, was eigentlich der ursprüngliche Trieb unsers Daseyns ist, liegt der Ursprung der Poesie.

Es ist recht übel, sagte Klingsohr, daß die Poesie einen besondern Namen hat, und die Dichter eine besondere Zunft ausmachen. Es ist gar nichts besonderes. Es ist die eigenthümliche Handlungsweise des menschlichen Geistes. Dichtet und trachtet nicht jeder Mensch in jeder Minute? – Eben trat Mathilde in's Zimmer, als Klingsohr noch sagte: Man betrachte nur die Liebe. Nirgends wird wohl die Nothwendigkeit der Poesie zum Bestand der Menschheit so klar, als in ihr. Die Liebe ist stumm, nur die Poesie kann für sie sprechen. Oder die Liebe ist selbst nichts, als die höchste Naturpoesie. Doch ich will dir nicht Dinge sagen, die du besser weißt, als ich.

Du bist ja der Vater der Liebe, sagte Heinrich, indem er Mathilden umschlang, und beyde seine Hand küßten.

Klingsohr umarmte sie und ging hinaus. Liebe Mathilde, sagte Heinrich nach einem langen Kusse, es ist mir wie ein Traum, daß du mein bist, aber noch wunderbarer ist mir es, daß du es nicht immer gewesen bist. Mich dünkt, sagte Mathilde, ich kennte dich seit undenklichen Zeiten. – Kannst du mich denn lieben? – Ich weiß nicht, was Liebe ist, aber das kann ich dir sagen, daß mir ist, als finge ich erst jetzt zu leben an, und daß ich dir so gut bin, daß ich gleich für dich sterben wollte. – Meine Mathilde, erst jetzt fühle ich, was es heißt unsterblich zu seyn. – Lieber Heinrich, wie unendlich gut bist du, welcher herrliche Geist spricht aus dir. Ich bin ein armes, unbedeutendes Mädchen. – Wie du mich tief beschämst! bin ich doch nur durch dich, was ich bin. Ohne dich wäre ich nichts. Was ist ein Geist ohne Himmel, und du bist der Himmel, der mich trägt und erhält. – Welches selige Geschöpf wäre ich, wenn du so treu wärst, wie mein Vater. Meine Mutter starb kurz nach meiner Geburt; Mein Vater weint fast alle Tage noch um sie. – Ich verdiene es nicht, aber möchte ich glücklicher seyn, als er. – Ich lebte gern recht lange an deiner Seite, lieber Heinrich. Ich werde durch dich gewiß viel besser. – Ach! Mathilde, auch der Tod wird uns nicht trennen. – Nein Heinrich, wo ich bin, wirst du seyn. – Ja wo du bist, Mathilde, werd' ich ewig seyn. – Ich begreife nichts von der Ewigkeit, aber ich dächte, das müßte die Ewigkeit seyn, was ich empfinde, wenn ich an dich denke. – Ja Mathilde, wir sind ewig weil wir uns lieben. – Du glaubst nicht Lieber, wie inbrünstig ich heute früh, wie wir nach Hause kamen, vor dem Bilde der himmlischen Mutter niederkniete, wie unsäglich ich zu ihr gebetet habe. Ich glaubte in Thränen zu zerfließen. Es kam mir vor, als lächelte sie mir zu. Nun weiß ich erst was Dankbarkeit ist. – O Geliebte, der Himmel hat dich mir zur Verehrung gegeben. Ich bete dich an. Du bist die Heilige, die meine Wünsche zu Gott bringt, durch die er sich mir offenbart, durch die er mir die Fülle seiner Liebe kund thut. Was ist die Religion, als ein unendliches Einverständniß, eine ewige Vereinigung liebender Herzen? Wo zwey versammelt sind, ist er ja unter ihnen. Ich habe ewig an dir zu athmen; meine Brust wird nie aufhören dich in sich zu ziehn. Du bist die göttliche Herrlichkeit, das ewige Leben in der lieblichsten Hülle. – Ach! Heinrich, du weißt das Schicksal der Rosen; wirst du auch die welken Lippen, die bleichen Wangen mit Zärtlichkeit an deine Lippen drücken? Werden die Spuren des Alters nicht die Spuren der vorübergegangenen Liebe seyn? – O! könntest du durch meine Augen in mein Gemüth sehn! aber du liebst mich und so glaubst du mir auch. Ich begreife das nicht, was man von der Vergänglichkeit der Reitze sagt. O! sie sind unverwelklich. Was mich so unzertrennlich zu dir zieht, was ein ewiges Verlangen in mir geweckt hat, das ist nicht aus dieser Zeit. Könntest du nur sehn, wie du mir erscheinst, welches wunderbare Bild deine Gestalt durchdringt und mir überall entgegen leuchtet, du würdest kein Alter fürchten. Deine irdische Gestalt ist nur ein Schatten dieses Bildes. Die irdischen Kräfte ringen und quellen um es festzuhalten, aber die Natur ist noch unreif; das Bild ist ein ewiges Urbild, ein Theil der unbekannten heiligen Welt. – Ich verstehe dich, lieber Heinrich, denn ich sehe etwas Ähnliches, wenn ich dich anschaue. – Ja Mathilde, die höhere Welt ist uns näher, als wir gewöhnlich denken. Schon hier leben wir in ihr, und wir erblikken sie auf das Innigste mit der irdischen Natur verwebt. – Du wirst mir noch viel herrliche Sachen offenbaren, Geliebtester. – O! Mathilde, von dir allein kommt mir die Gabe der Weißagung. Alles ist ja dein, was ich habe; deine Liebe wird mich in die Heiligthümer des Lebens, in das Allerheiligste des Gemüths führen; du wirst mich zu den höchsten Anschauungen begeistern. Wer weiß, ob unsre Liebe nicht dereinst noch zu Flammenfittichen wird, die uns aufheben, und uns in unsre himmlische Heimath tragen, ehe das Alter und der Tod uns erreichen. Ist es nicht schon ein Wunder, daß du mein bist, daß ich dich in meinen Armen halte, daß du mich liebst und ewig mein seyn willst? – Auch mir ist jetzt alles glaublich, und ich fühle ja so deutlich eine stille Flamme in mir lodern; wer weiß ob sie uns nicht verklärt, und die irdischen Banden allmählich auflöst. Sage mir nur, Heinrich, ob du auch schon das grenzenlose Vertrauen zu mir hast, was ich zu dir habe. Noch nie hab' ich so etwas gefühlt, selbst nicht gegen meinen Vater, den ich doch so unendlich liebe. – Liebe Mathilde, es peinigt mich ordentlich, daß ich dir nicht alles auf einmal sagen, daß ich dir nicht gleich mein ganzes Herz auf einmal hingeben kann. Es ist auch zum erstenmal in meinem Leben, daß ich ganz offen bin. Keinen Gedanken, keine Empfindung kann ich vor dir mehr geheim haben; du mußt alles wissen. Mein ganzes Wesen soll sich mit dem deinigen vermischen. Nur die grenzenloseste Hingebung kann meiner Liebe genügen. In ihr besteht sie ja. Sie ist ja ein geheimnißvolles Zusammenfließen unsers geheimsten und eigenthümlichsten Daseyns. – Heinrich, so können sich noch nie zwey Menschen geliebt haben. – Ich kanns nicht glauben. Es gab ja noch keine Mathilde. – Auch keinen Heinrich. – Ach! schwör es mir noch einmal, daß du ewig mein bist; die Liebe ist eine endlose Wiederholung. – Ja, Heinrich, ich schwöre ewig dein zu seyn, bey der unsichtbaren Gegenwart meiner guten Mutter. – Ich schwöre ewig dein zu seyn, Mathilde, so wahr die Liebe die Gegenwart Gottes bey uns ist. Eine lange Umarmung, unzählige Küsse besiegelten den ewigen Bund des seligen Paars.

Neuntes Kapitel

Abends waren einige Gäste da; der Großvater trank die Gesundheit des jungen Brautpaars, und versprach bald ein schönes Hochzeitfest auszurichten. Was hilft das lange Zaudern, sagte der Alte. Frühe Hochzeiten, lange Liebe. Ich habe immer gesehn, daß Ehen, die früh geschlossen wurden, am glücklichsten waren. In spätern Jahren ist gar keine solche Andacht mehr im Ehestande, als in der Jugend. Eine gemeinschaftlich genoßne Jugend ist ein unzerreißliches Band. Die Erinnerung ist der sicherste Grund der Liebe. Nach Tische kamen mehrere. Heinrich bat seinen neuen Vater um die Erfüllung seines Versprechens. Klingsohr sagte zu der Gesellschaft: Ich habe heute Heinrichen versprochen ein Mährchen zu erzählen. Wenn ihr es zufrieden seyd, so bin ich bereit. Das ist ein kluger Einfall von Heinrich, sagte Schwaning. Ihr habt lange nichts von euch hören lassen. Alle setzten sich um das lodernde Feuer im Kamin. Heinrich saß dicht bey Mathilden, und schlang seinen Arm um sie. Klingsohr begann:

Die lange Nacht war eben angegangen. Der alte Held schlug an seinen Schild, daß es weit umher in den öden Gassen der Stadt erklang. Er wiederholte das Zeichen dreymal. Da fingen die hohen bunten Fenster des Pallastes an von innen heraus helle zu werden, und ihre Figuren bewegten sich. Sie bewegten sich lebhafter, je stärker das röthliche Licht ward, das die Gassen zu erleuchten begann. Auch sah man allmählich die gewaltigen Säulen und Mauern selbst sich erhellen; Endlich standen sie im reinsten, milchblauen Schimmer, und spielten mit den sanftesten Farben. Die ganze Gegend ward nun sichtbar, und der Wiederschein der Figuren, das Getümmel der Spieße, der Schwerdter, der Schilder, und der Helme, die sich nach hier und da erscheinenden Kronen, von allen Seiten neigten, und endlich wie diese verschwanden, und einem schlichten, grünen Kranze Plaz machten, um diesen her einen weiten Kreis schlossen: alles dies spiegelte sich in dem starren Meere, das den Berg umgab, auf dem die Stadt lag, und auch der ferne hohe Berggürtel, der sich rund um das Meer herzog, ward bis in die Mitte mit einem milden Abglanz überzogen. Man konnte nichts deutlich unterscheiden; doch hörte man ein wunderliches Getöse herüber, wie aus einer fernen ungeheuren Werkstatt. Die Stadt erschien dagegen hell und klar. Ihre glatten, durchsichtigen Mauern warfen die schönen Strahlen zurück, und das vortreffliche Ebenmaaß, der edle Styl aller Gebäude, und ihre schöne Zusammenordnung kam zum Vorschein. Vor allen Fenstern standen zierliche Gefäße von Thon, voll der mannichfaltigsten Eis- und Schneeblumen, die auf das anmuthigste funkelten.

Am herrlichsten nahm sich auf dem großen Platze vor dem Pallaste der Garten aus, der aus Metallbäumen und Krystallpflanzen bestand, und mit bunten Edelsteinblüthen und Früchten übersäet war. Die Mannichfaltigkeit und Zierlichkeit der Gestalten, und die Lebhaftigkeit der Lichter und Farben gewährten das herrlichste Schauspiel, dessen Pracht durch einen hohen Springquell in der Mitte des Gartens, der zu Eis erstarrt war, vollendet wurde. Der alte Held ging vor den Thoren des Pallastes langsam vorüber. Eine Stimme rief seinen Namen im Innern. Er lehnte sich an das Thor, das mit einem sanften Klange sich öffnete, und trat in den Saal. Seinen Schild hielt er vor die Augen. Hast du noch nichts entdeckt? sagte die schöne Tochter Arcturs, mit klagender Stimme. Sie lag an seidnen Polstern auf einem Throne, der von einem großen Schwefelkrystall künstlich erbaut war, und einige Mädchen rieben ämsig ihre zarten Glieder, die wie aus Milch und Purpur zusammengeflossen schienen. Nach allen Seiten strömte unter den Händen der Mädchen das reizende Licht von ihr aus, was den Pallast so wundersam erleuchtete. Ein duftender Wind wehte im Saale. Der Held schwieg. Laß mich deinen Schild berühren, sagte sie sanft. Er näherte sich dem Throne und betrat den köstlichen Teppich. Sie ergriff seine Hand, drückte sie mit Zärtlichkeit an ihren himmlischen Busen und rührte seinen Schild an. Seine Rüstung klang, und eine durchdringende Kraft beseelte seinen Körper. Seine Augen blitzten und das Herz pochte hörbar an den Panzer. Die schöne Freya schien heiterer, und das Licht ward brennender, das von ihr ausströmte. Der König kommt, rief ein prächtiger Vogel, der im Hintergrunde des Thrones saß. Die Dienerinnen legten eine himmelblaue Decke über die Prinzessin, die sie bis über den Busen bedeckte. Der Held senkte seinen Schild und sah nach der Kuppel hinauf, zu welcher zwey breite Treppen von beyden Seiten des Saals sich hinauf schlangen. Eine leise Musik ging dem Könige voran, der bald mit einem zahlreichen Gefolge in der Kuppel erschien und herunter kam.

Der schöne Vogel entfaltete seine glänzenden Schwingen, bewegte sie sanft und sang, wie mit tausend Stimmen, dem Könige entgegen:

Nicht lange wird der schöne Fremde säumen.
Die Wärme naht, die Ewigkeit beginnt.
Die Königin erwacht aus langen Träumen,
Wenn Meer und Land in Liebesglut zerrinnt.
Die kalte Nacht wird diese Stätte räumen,
Wenn Fabel erst das alte Recht gewinnt.
In Freyas Schooß wird sich die Welt entzünden
Und jede Sehnsucht ihre Sehnsucht finden.

Der König umarmte seine Tochter mit Zärtlichkeit. Die Geister der Gestirne stellten sich um den Thron, und der Held nahm in der Reihe seinen Platz ein. Eine unzählige Menge Sterne füllten den Saal in zierlichen Gruppen. Die Dienerinnen brachten einen Tisch und ein Kästchen, worin eine Menge Blätter lagen, auf denen heilige tiefsinnige Zeichen standen, die aus lauter Sternbildern zusammengesetzt waren. Der König küßte ehrfurchtsvoll diese Blätter, mischte sie sorgfältig untereinander, und reichte seiner Tochter einige zu. Die andern behielt er für sich. Die Prinzessin zog sie nach der Reihe heraus und legte sie auf den Tisch, dann betrachtete der König die seinigen genau, und wählte mit vielem Nachdenken, ehe er eins dazu hinlegte. Zuweilen schien er gezwungen zu seyn, dies oder jenes Blatt zu wählen. Oft aber sah man ihm die Freude an, wenn er durch ein gutgetroffenes Blatt eine schöne Harmonie der Zeichen und Figuren legen konnte. Wie das Spiel anfing, sah man an allen Umstehenden Zeichen der lebhaftesten Theilnahme, und die sonderbarsten Mienen und Gebehrden, gleichsam als hätte jeder ein unsichtbares Werkzeug in Händen, womit er eifrig arbeite. Zugleich ließ sich eine sanfte, aber tief bewegende Musik in der Luft hören, die von den im Saale sich wunderlich durcheinander schlingenden Sternen, und den übrigen sonderbaren Bewegungen zu entstehen schien. Die Sterne schwangen sich, bald langsam bald schnell, in beständig veränderten Linien umher, und bildeten, nach dem Gange der Musik, die Figuren der Blätter auf das kunstreichste nach. Die Musik wechselte, wie die Bilder auf dem Tische, unaufhörlich, und so wunderlich und hart auch die Übergänge nicht selten waren, so schien doch nur Ein einfaches Thema das Ganze zu verbinden. Mit einer unglaublichen Leichtigkeit flogen die Sterne den Bildern nach. Sie waren bald alle in Einer großen Verschlingung, bald wieder in einzelne Haufen schön geordnet, bald zerstäubte der lange Zug, wie ein Strahl, in unzählige Funken, bald kam durch immer wachsende kleinere Kreise und Muster wieder Eine große, überraschende Figur zum Vorschein. Die bunten Gestalten in den Fenstern blieben während dieser Zeit ruhig stehen. Der Vogel bewegte unaufhörlich die Hülle seiner kostbaren Federn auf die mannichfaltigste Weise. Der alte Held hatte bisher auch sein unsichtbares Geschäft ämsig betrieben, als auf einmal der König voll Freuden ausrief: Es wird alles gut. Eisen, wirf du dein Schwerdt in die Welt, daß sie erfahren, wo der Friede ruht. Der Held riß das Schwerdt von der Hüfte, stellte es mit der Spitze gen Himmel, dann ergriff er es und warf es aus dem geöffneten Fenster über die Stadt und das Eismeer. Wie ein Komet flog es durch die Luft, und schien an dem Berggürtel mit hellem Klange zu zersplittern, denn es fiel in lauter Funken herunter.

Zu der Zeit lag der schöne Knabe Eros in seiner Wiege und schlummerte sanft, während Ginnistan seine Amme die Wiege schaukelte und seiner Milchschwester Fabel die Brust reichte. Ihr buntes Halstuch hatte sie über die Wiege ausgebreitet, daß die hellbrennende Lampe, die der Schreiber vor sich stehen hatte, das Kind mit ihrem Scheine nicht beunruhigen möchte. Der Schreiber schrieb unverdrossen, sah sich nur zuweilen mürrisch nach den Kindern um, und schnitt der Amme finstere Gesichter, die ihn gutmüthig anlächelte und schwieg.

Der Vater der Kinder ging immer ein und aus, indem er jedesmal die Kinder betrachtete und Ginnistan freundlich begrüßte. Er hatte unaufhörlich dem Schreiber etwas zu sagen. Dieser vernahm ihn genau, und wenn er es aufgezeichnet hatte, reichte er die Blätter einer edlen, göttergleichen Frau hin, die sich an einen Altar lehnte, auf welchem eine dunkle Schaale mit klarem Wasser stand, in welches sie mit heiterm Lächeln blickte. Sie tauchte die Blätter jedesmal hinein, und wenn sie bey'm Herausziehn gewahr wurde, daß einige Schrift stehen geblieben und glänzend geworden war, so gab sie das Blatt dem Schreiber zurück, der es in ein großes Buch heftete, und oft verdrießlich zu seyn schien, wenn seine Mühe vergeblich gewesen und alles ausgelöscht war. Die Frau wandte sich zu Zeiten gegen Ginnistan und die Kinder, tauchte den Finger in die Schaale, und sprützte einige Tropfen auf sie hin, die, sobald sie die Amme, das Kind, oder die Wiege berührten, in einen blauen Dunst zerrannen, der tausend seltsame Bilder zeigte, und beständig um sie herzog und sich veränderte. Traf einer davon zufällig auf den Schreiber, so fielen eine Menge Zahlen und geometrische Figuren nieder, die er mit vieler Ämsigkeit auf einen Faden zog, und sich zum Zierrath um den mageren Hals hing. Die Mutter des Knaben, die wie die Anmuth und Lieblichkeit selbst aussah, kam oft herein. Sie schien beständig beschäftigt, und trug immer irgend ein Stück Hausgeräthe mit sich hinaus: bemerkte es der argwöhnische und mit spähenden Blicken sie verfolgende Schreiber, so begann er eine lange Strafrede, auf die aber kein Mensch achtete. Alle schienen seiner unnützen Widerreden gewohnt. Die Mutter gab auf einige Augenblicke der kleinen Fabel die Brust; aber bald ward sie wieder abgerufen, und dann nahm Ginnistan das Kind zurück, das an ihr lieber zu trinken schien. Auf einmal brachte der Vater ein zartes eisernes Stäbchen herein, das er im Hofe gefunden hatte. Der Schreiber besah es und drehte es mit vieler Lebhaftigkeit herum, und brachte bald heraus, daß es sich von selbst, in der Mitte an einem Faden aufgehängt, nach Norden drehe. Ginnistan nahm es auch in die Hand, bog es, drückte es, hauchte es an, und hatte ihm bald die Gestalt einer Schlange gegeben, die sich nun plötzlich in den Schwanz biß. Der Schreiber war bald des Betrachtens überdrüßig. Er schrieb alles genau auf, und war sehr weitläuftig über den Nutzen, den dieser Fund gewähren könne. Wie ärgerlich war er aber, als sein ganzes Schreibwerk die Probe nicht bestand, und das Papier weiß aus der Schaale hervorkam. Die Amme spielte fort. Zuweilen berührte sie die Wiege damit, da fing der Knabe an wach zu werden, schlug die Decke zurück, hielt die eine Hand gegen das Licht, und langte mit der Andern nach der Schlange. Wie er sie erhielt, sprang er rüstig, daß Ginnistan erschrak, und der Schreiber beynah vor Entsetzen vom Stuhle fiel, aus der Wiege, stand, nur von seinen langen goldenen Haaren bedeckt, im Zimmer, und betrachtete mit unaussprechlicher Freude das Kleinod, das sich in seinen Händen nach Norden ausstreckte, und ihn heftig im Innern zu bewegen schien. Zusehends wuchs er.

Sophie, sagte er mit rührender Stimme zu der Frau, laß mich aus der Schaale trinken. Sie reichte sie ihm ohne Anstand, und er konnte nicht aufhören zu trinken, indem die Schaale sich immer voll zu erhalten schien. Endlich gab er sie zurück, indem er die edle Frau innig umarmte. Er herzte Ginnistan, und bat sie um das bunte Tuch, das er sich anständig um die Hüften band. Die kleine Fabel nahm er auf den Arm. Sie schien endloses Wohlgefallen an ihm zu haben, und fing zu plaudern an. Ginnistan machte sich viel um ihn zu schaffen. Sie sah äußerst reizend und leichtfertig aus, und drückte ihn mit der Innigkeit einer Braut an sich. Sie zog ihn mit heimlichen Worten nach der Kammerthür, aber Sophie winkte ernsthaft und deutete nach der Schlange; da kam die Mutter herein, auf die er zugleich zuflog und sie mit heißen Thränen bewillkommte. Der Schreiber war ingrimmig fortgegangen. Der Vater trat herein, und wie er Mutter und Sohn in stiller Umarmung sah, trat er hinter ihren Rücken zur reitzenden Ginnistan, und liebkoste ihr. Sophie stieg die Treppe hinauf. Die kleine Fabel nahm die Feder des Schreibers und fing zu schreiben an. Mutter und Sohn vertieften sich in ein leises Gespräch, und der Vater schlich sich mit Ginnistan in die Kammer, um sich von den Geschäften des Tages in ihren Armen zu erholen. Nach geraumer Zeit kam Sophie zurück. Der Schreiber trat herein. Der Vater kam aus der Kammer und ging an seine Geschäfte. Ginnistan kam mit glühenden Wangen zurück. Der Schreiber jagte die kleine Fabel mit vielen Schmähungen von seinem Sitze, und hatte einige Zeit nöthig seine Sachen in Ordnung zu bringen. Er reichte Sophien die von Fabel vollgeschriebenen Blätter, um sie rein zurück zu erhalten, gerieth aber bald in den äußersten Unwillen, wie Sophie die Schrift völlig glänzend und unversehrt aus der Schaale zog und sie ihm hinlegte. Fabel schmiegte sich an ihre Mutter, die sie an die Brust nahm, und das Zimmer aufputzte, die Fenster öffnete, frische Luft hereinließ und Zubereitungen zu einem köstlichen Mahle machte. Man sah durch die Fenster die herrlichsten Aussichten und einen heitern Himmel über die Erde gespannt. Auf dem Hofe war der Vater in voller Thätigkeit. Wenn er müde war, sah er hinauf ans Fenster, wo Ginnistan stand, und ihm allerhand Näschereien herunterwarf. Die Mutter und der Sohn gingen hinaus, um überall zu helfen und den gefaßten Entschluß vorzubereiten. Der Schreiber rührte die Feder, und machte immer eine Fratze, wenn er genöthigt war, Ginnistan etwas zu fragen, die ein sehr gutes Gedächtniß hatte, und alles behielt, was sich zutrug. Eros kam bald in schöner Rüstung, um die das bunte Tuch wie eine Schärpe gebunden war, zurück, und bat Sophie um Rath, wann und wie er seine Reise antreten solle. Der Schreiber war vorlaut, und wollte gleich mit einem ausführlichen Reiseplan dienen, aber seine Vorschläge wurden überhört. Du kannst sogleich reisen; Ginnistan mag dich begleiten, sagte Sophie; sie weiß mit den Wegen Bescheid, und ist überall gut bekannt. Sie wird die Gestalt deiner Mutter annehmen, um dich nicht in Versuchung zu führen. Findest du den König, so denke an mich; dann komme ich um dir zu helfen.

Ginnistan tauschte ihre Gestalt mit der Mutter, worüber der Vater sehr vergnügt zu seyn schien; der Schreiber freute sich, daß die beiden fortgingen; besonders da ihm Ginnistan ihr Taschenbuch zum Abschiede schenkte, worin die Chronik des Hauses umständlich aufgezeichnet war; nur blieb ihm die kleine Fabel ein Dorn im Auge, und er hätte, um seiner Ruhe und Zufriedenheit willen, nichts mehr gewünscht, als daß auch sie unter der Zahl der Abreisenden seyn möchte. Sophie segnete die Niederknieenden ein, und gab ihnen ein Gefäß voll Wasser aus der Schaale mit; die Mutter war sehr bekümmert. Die kleine Fabel wäre gern mitgegangen, und der Vater war zu sehr außer dem Hause beschäftigt, als daß er lebhaften Antheil hätte nehmen sollen. Es war Nacht, wie sie abreisten, und der Mond stand hoch am Himmel. Lieber Eros, sagte Ginnistan, wir müssen eilen, daß wir zu meinem Vater kommen, der mich lange nicht gesehn und so sehnsuchtsvoll mich überall auf der Erde gesucht hat. Siehst du wohl sein bleiches abgehärmtes Gesicht? Dein Zeugniß wird mich ihm in der fremden Gestalt kenntlich machen.

Die Liebe ging auf dunkler Bahn
Vom Monde nur erblickt,
Das Schattenreich war aufgethan
Und seltsam aufgeschmückt.

Ein blauer Dunst umschwebte sie
Mit einem goldnen Rand,
Und eilig zog die Fantasie
Sie über Strom und Land.

Es hob sich ihre volle Brust
In wunderbarem Muth;
Ein Vorgefühl der künft'gen Lust
Besprach die wilde Glut.

Die Sehnsucht klagt' und wußt' es nicht,
Daß Liebe näher kam,
Und tiefer grub in ihr Gesicht
Sich hoffnungsloser Gram.

Die kleine Schlange blieb getreu:
Sie wies nach Norden hin,
Und beyde folgten sorgenfrey
Der schönen Führerin.

Die Liebe ging durch Wüsteneyn
Und durch der Wolken Land,
Trat in den Hof des Mondes ein
Die Tochter an der Hand.

Er saß auf seinem Silberthron,
Allein mit seinem Harm;
Da hört' er seines Kindes Ton,
Und sank in ihren Arm.

Eros stand gerührt bey den zärtlichen Umarmungen. Endlich sammelte sich der alte erschütterte Mann, und bewillkommte seinen Gast. Er ergriff sein großes Horn und stieß mit voller Macht hinein. Ein gewaltiger Ruf dröhnte durch die uralte Burg. Die spitzen Thürme mit ihren glänzenden Knöpfen und die tiefen schwarzen Dächer schwankten. Die Burg stand still, denn sie war auf das Gebirge jenseits des Meers gekommen. Von allen Seiten strömten seine Diener herzu, deren seltsame Gestalten und Trachten Ginnistan unendlich ergötzten, und den tapferen Eros nicht erschreckten. Erstere grüßte ihre alten Bekannten, und alle erschienen vor ihr mit neuer Stärke und in der ganzen Herrlichkeit ihrer Naturen. Der ungestüme Geist der Flut folgte der sanften Ebbe. Die alten Orkane legten sich an die klopfende Brust der heißen leidenschaftlichen Erdbeben. Die zärtlichen Regenschauer sahen sich nach dem bunten Bogen um, der von der Sonne, die ihn mehr anzieht, entfernt, bleich da stand. Der rauhe Donner schalt über die Thorheiten der Blitze, hinter den unzähligen Wolken hervor, die mit tausend Reizen dastanden und die feurigen Jünglinge lockten. Die beyden lieblichen

Schwestern, Morgen und Abend, freuten sich vorzüglich über die beyden Ankömmlinge. Sie weinten sanfte Thränen in ihren Umarmungen. Unbeschreiblich war der Anblick dieses wunderlichen Hofstaats. Der alte König konnte sich an seiner Tochter nicht satt sehen. Sie fühlte sich zehnfach glücklich in ihrer väterlichen Burg, und ward nicht müde die bekannten Wunder und Seltenheiten zu beschauen. Ihre Freude war ganz unbeschreiblich, als ihr der König den Schlüssel zur Schatzkammer und die Erlaubniß gab, ein Schauspiel für Eros darin zu veranstalten, das ihn so lange unterhalten könnte, bis das Zeichen des Aufbruchs gegeben würde. Die Schatzkammer war ein großer Garten, dessen Mannichfaltigkeit und Reichthum alle Beschreibung übertraf. Zwischen den ungeheuren Wetterbäumen lagen unzählige Luftschlösser von überraschender Bauart, eins immer köstlicher, als das Andere. Große Heerden von Schäfchen, mit silberweißer, goldner und rosenfarbner Wolle irrten umher, und die sonderbarsten Thiere belebten den Hayn. Merkwürdige Bilder standen hie und da, und die festlichen Aufzüge, die seltsamen Wagen, die überall zum Vorschein kamen, beschäftigten die Aufmerksamkeit unaufhörlich. Die Beete standen voll der buntesten Blumen. Die Gebäude waren gehäuft voll von Waffen aller Art, voll der schönsten Teppiche, Tapeten, Vorhänge, Trinkgeschirre und aller Arten von Geräthen und Werkzeugen, in unübersehlichen Reihen. Auf einer Anhöhe erblickten sie ein romantisches Land, das mit Städten und Burgen, mit Tempeln und Begräbnissen übersäet war, und alle Anmuth bewohnter Ebenen mit den furchtbaren Reizen der Einöde und schroffer Felsengegenden vereinigte. Die schönsten Farben waren in den glücklichsten Mischungen. Die Bergspitzen glänzten wie Lustfeuer in ihren Eis- und Schneehüllen. Die Ebene lachte im frischesten Grün. Die Ferne schmückte sich mit allen Veränderungen von Blau, und aus der Dunkelheit des Meeres wehten unzählige bunte Wimpel von zahlreichen Flotten. Hier sah man einen Schiffbruch im Hintergrunde, und vorne ein ländliches fröliches Mahl von Landleuten; dort den schrecklich schönen Ausbruch eines Vulkans, die Verwüstungen des Erdbebens, und im Vordergrunde ein liebendes Paar unter schattenden Bäumen in den süßesten

Liebkosungen. Abwärts eine fürchterliche Schlacht, und unter ihr ein Theater voll der lächerlichsten Masken. Nach einer anderen Seite im Vordergrunde einen jugendlichen Leichnam auf der Baare, die ein trostloser Geliebter festhielt, und die weinenden Eltern daneben; im Hintergrunde eine liebliche Mutter mit dem Kinde an der Brust und Engel sitzend zu ihren Füßen, und aus den Zweigen über ihrem Haupte herunterblickend. Die Szenen verwandelten sich unaufhörlich, und flossen endlich in eine große geheimnißvolle Vorstellung zusammen. Himmel und Erde waren in vollem Aufruhr. Alle Schrecken waren losgebrochen. Eine gewaltige Stimme rief zu den Waffen. Ein entsetzliches Heer von Todtengerippen, mit schwarzen Fahnen, kam wie ein Sturm von dunkeln Bergen herunter, und griff das Leben an, das mit seinen jugendlichen Schaaren in der hellen Ebene in muntern Festen begriffen war, und sich keines Angriffs versah. Es entstand ein entsetzliches Getümmel, die Erde zitterte; der Sturm brauste, und die Nacht ward von fürchterlichen Meteoren erleuchtet. Mit unerhörten Grausamkeiten zerriß das Heer der Gespenster die zarten Glieder der Lebendigen. Ein Scheiterhaufen thürmte sich empor, und unter dem grausenvollsten Geheul wurden die Kinder des Lebens von den Flammen verzehrt. Plötzlich brach aus dem dunklen Aschenhaufen ein milchblauer Strom nach allen Seiten aus. Die Gespenster wollten die Flucht ergreifen, aber die Flut wuchs zusehends, und verschlang die scheusliche Brut. Bald waren alle Schrecken vertilgt. Himmel und Erde flossen in süße Musik zusammen. Eine wunderschöne Blume schwamm glänzend auf den sanften Wogen. Ein glänzender Bogen schloß sich über die Flut auf welchem göttliche Gestalten auf prächtigen Thronen, nach beyden Seiten herunter, saßen. Sophie saß zu oberst, die Schaale in der Hand, neben einem herrlichen Manne, mit einem Eichenkranze um die Locken, und einer Friedenspalme statt des Szepters in der Rechten. Ein Lilienblatt bog sich über den Kelch der schwimmenden Blume; die kleine Fabel saß auf demselben, und sang zur Harfe die süßesten Lieder. In dem Kelche lag Eros selbst, über ein schönes schlummerndes Mädchen hergebeugt, die ihn fest umschlungen hielt. Eine kleinere Blüthe schloß sich um beyde her, so daß sie von den Hüften an in Eine Blume verwandelt zu seyn schienen.

Eros dankte Ginnistan mit tausend Entzücken. Er umarmte sie zärtlich, und sie erwiederte seine Liebkosungen. Ermüdet von der Beschwerde des Weges und den mannichfaltigen Gegenständen, die er gesehen hatte, sehnte er sich nach Bequemlichkeit und Ruhe. Ginnistan, die sich von dem schönen Jüngling lebhaft angezogen fühlte, hütete sich wohl des Trankes zu erwähnen, den Sophie ihm mitgegeben hatte. Sie führte ihn zu einem abgelegenen Bade, zog ihm die Rüstung aus, und zog selbst ein Nachtkleid an, in welchem sie fremd und verführerisch aussah. Eros tauchte sich in die gefährlichen Wellen, und stieg berauscht wieder heraus. Ginnistan trocknete ihn, und rieb seine starken, von Jugendkraft gespannten Glieder. Er gedachte mit glühender Sehnsucht seiner Geliebten, und umfaßte in süßem Wahne die reitzende Ginnistan. Unbesorgt überließ er sich seiner ungestümen Zärtlichkeit, und schlummerte endlich nach den wollüstigsten Genüssen an dem reizenden Busen seiner Begleiterin ein.

Unterdessen war zu Hause eine traurige Veränderung vorgegangen. Der Schreiber hatte das Gesinde in eine gefährliche Verschwörung verwickelt. Sein feindseliges Gemüth hatte längst Gelegenheit gesucht, sich des Hausregiments zu bemächtigen, und sein Joch abzuschütteln. Er hatte sie gefunden. Zuerst bemächtigte sich sein Anhang der Mutter, die in eiserne Bande gelegt wurde. Der Vater ward bey Wasser und Brot ebenfalls hingesetzt. Die kleine Fabel hörte den Lärm im Zimmer. Sie verkroch sich hinter dem Altare, und wie sie bemerkte, daß eine Thür an seiner Rückseite verborgen war, so öffnete sie dieselbe mit vieler Behendigkeit, und fand, daß eine Treppe in ihm hinunterging. Sie zog die Thür nach sich, und stieg im Dunkeln die Treppe hinunter. Der Schreiber stürzte sich mit Ungestüm herein, um sich an der kleinen Fabel zu rächen, und Sophien gefangen zu nehmen. Beyde waren nicht zu finden. Die Schaale fehlte auch, und in seinem Grimme zerschlug er den Altar in tausend Stücke, ohne jedoch die heimliche Treppe zu entdecken.

Die kleine Fabel stieg geraume Zeit. Endlich kam sie auf einen freyen Platz hinaus, der rund herum mit einer prächtigen Colonnade geziert, und durch ein großes Thor geschlossen war. Alle Figuren waren hier dunkel. Die Luft war wie ein ungeheurer Schatten; am Himmel stand ein schwarzer strahlender Körper. Man konnte alles auf das deutlichste unterscheiden, weil jede Figur einen anderen Anstrich von Schwarz zeigte, und einen lichten Schein hinter sich, warf; Licht und Schatten schienen hier ihre Rollen vertauscht zu haben. Fabel freute sich in einer neuen Welt zu seyn. Sie besah alles mit kindlicher Neugierde. Endlich kam sie an das Thor, vor welchem auf einem massiven Postument eine schöne Sphinx lag.

Was suchst du? sagte die Sphinx. mein Eigenthum, erwiederte Fabel. – Wo kommst du her? – Aus alten Zeiten. – Du bist noch ein Kind – Und werde ewig ein Kind seyn. – Wer wird dir beystehn? – Ich stehe für mich. Wo sind die Schwestern, fragte Fabel? – Überall und nirgends, gab die Sphinx zur Antwort. – Kennst du mich? – noch nicht. – Wo ist die Liebe? – In der Einbildung. – Und Sophie? – Die Sphinx murmelte unvernehmlich vor sich hin, und rauschte mit den Flügeln. Sophie und Liebe, rief triumphirend Fabel, und ging durch das Thor. Sie trat in die ungeheure Höhle, und ging frölich auf die alten Schwestern zu, die bey der kärglichen Nacht einer schwarzbrennenden Lampe ihr wunderliches Geschäft trieben. Sie thaten nicht, als ob sie den kleinen Gast bemerkten, der mit artigen Liebkosungen sich geschäftig um sie erzeigte. Endlich krächzte die eine mit rauhen Worten und scheelem Gesicht: Was willst du hier, Müßiggängerin? wer hat dich eingelassen? Dein kindisches Hüpfen bewegt die stille Flamme. Das Öl verbrennt unnützer Weise. Kannst du dich nicht hinsetzen und etwas vornehmen? – Schöne Base, sagte Fabel, am Müßiggehn ist mir nichts gelegen. Ich mußte recht über eure Thürhüterin lachen. Sie hätte mich gern an die Brust genommen, aber sie mußte zu viel gegessen haben, sie konnte nicht aufstehn. Laßt mich vor der Thür sitzen, und gebt mir etwas zu spinnen; denn hier kann ich nicht gut sehen, und wenn ich spinne, muß ich singen und plaudern dürfen, und das könnte euch in euren ernsthaften Gedanken stören. – Hinaus sollst du nicht, aber in der Nebenkammer bricht ein Strahl der Oberwelt durch die Felsritzen, da magst du spinnen, wenn du so geschickt bist; hier liegen ungeheure Haufen von alten Enden, die drehe zusammen; aber hüte dich: wenn du saumselig spinnst, oder der Faden reißt, so schlingen sich die Fäden um dich her und ersticken dich. – Die Alte lachte hämisch, und spann. Fabel raffte einen Arm voll Fäden zusammen, nahm Wocken und Spindel, und hüpfte singend in die Kammer. Sie sah durch die Öffnung hinaus, und erblickte das Sternbild des Phönixes. Froh über das glückliche Zeichen fing sie an lustig zu spinnen, ließ die Kammerthür ein wenig offen, und sang halbleise:

Erwacht in euren Zellen,
Ihr Kinder alter Zeit;
Laßt eure Ruhestellen,
Der Morgen ist nicht weit.

Ich spinne eure Fäden
In Einen Faden ein;
Aus ist die Zeit der Fehden.
Ein Leben sollt' ihr seyn.

Ein jeder lebt in Allen,
Und All' in Jedem auch.
Ein Herz wird in euch wallen,
Von Einem Lebenshauch.

Noch seyd ihr nichts als Seele,
Nur Traum und Zauberey.
Geht furchtbar in die Höhle
Und neckt die heil'ge Drey.

Die Spindel schwang sich mit unglaublicher Behendigkeit zwischen den kleinen Füßen; während sie mit beyden Händen den zarten Faden drehte. Unter dem Liede wurden unzählige Lichterchen sichtbar, die aus der Thürspalte schlüpften und durch die Höhle in scheuslichen Larven sich verbreiteten. Die Alten hatten während der Zeit immer mürrisch fortgesponnen, und auf das Jammergeschrey der kleinen Fabel gewartet, aber wie entsetzten sie sich, als auf einmal eine erschreckliche Nase über ihre Schultern guckte, und wie sie sich umsahen, die ganze Höhle voll der gräßlichsten Figuren war, die tausenderley Unfug trieben. Sie fuhren in einander, heulten mit fürchterlicher Stimme, und wären vor Schrecken zu Stein geworden, wenn nicht in diesem Augenblicke der Schreiber in die Höhle getreten wäre, und eine Alraunwurzel bey sich gehabt hätte. Die Lichterchen verkrochen sich in die Felsklüfte und die Höhle wurde ganz hell, weil die schwarze Lampe in der Verwirrung umgefallen und ausgelöscht war. Die Alten waren froh, wie sie den Schreiber kommen hörten, aber voll Ingrimms gegen die kleine Fabel. Sie riefen sie heraus, schnarchten sie fürchterlich an und verboten ihr fortzuspinnen. Der Schreiber schmunzelte höhnisch, weil er die kleine Fabel nun in seiner Gewalt zu haben glaubte und sagte: Es ist gut, daß du hier bist und zur Arbeit angehalten werden kannst. Ich hoffe daß es an Züchtigungen nicht fehlen soll. Dein guter Geist hat dich hergeführt. Ich wünsche dir langes Leben und viel Vergnügen. Ich danke dir für deinen guten Willen, sagte Fabel; man sieht dir jetzt die gute Zeit an; dir fehlt nur noch das Stundenglas und die Hippe, so siehst du ganz wie der Bruder meiner schönen Basen aus. Wenn du Gänsespulen brauchst, so zupfe ihnen nur eine Handvoll zarten Pflaum aus den Wangen. Der Schreiber schien Miene zu machen, über sie herzufallen. Sie lächelte und sagte: Wenn dir dein schöner Haarwuchs und dein geistreiches Auge lieb sind, so nimm dich in Acht; bedenke meine Nägel, du hast nicht viel mehr zu verlieren. Er wandte sich mit verbißner Wuth zu den Alten, die sich die Augen wischten, und nach ihren Wocken umhertappten. Sie konnten nichts finden, da die Lampe ausgelöscht war, und ergossen sich in Schimpfreden gegen Fabel. Laßt sie doch gehn, sprach er tückisch, daß sie euch Taranteln fange, zur Bereitung eures Öls. Ich wollte euch zu eurem Troste sagen, daß Eros ohne Rast umherfliegt, und eure Scheere fleißig beschäftigen wird. Seine Mutter, die euch so oft zwang, die Fäden länger zu spinnen, wird morgen ein Raub der Flammen. Er kitzelte sich, um zu lachen, wie er sah, daß Fabel einige Thränen bey dieser Nachricht vergoß, gab ein Stück von der Wurzel der Alten, und ging naserümpfend von dannen. Die Schwestern hießen der Fabel mit zorniger Stimme Taranteln suchen, ohngeachtet sie noch Öl vorräthig hatten, und

Fabel eilte fort. Sie that, als öffne sie das Thor, warf es ungestüm wieder zu, und schlich sich leise nach dem Hintergrunde der Höhle, wo eine Leiter herunter hing. Sie kletterte schnell hinauf, und kam bald vor eine Fallthür, die sich in Arcturs Gemach öffnete.

Der König saß umringt von seinen Räthen, als Fabel erschien. Die nördliche Krone zierte sein Haupt. Die Lilie hielt er mit der Linken, die Wage in der Rechten. Der Adler und Löwe saßen zu seinen Füßen. Monarch, sagte die Fabel, indem sie sich ehrfurchtsvoll vor ihm neigte; Heil deinem festgegründeten Throne! frohe Bothschaft deinem verwundeten Herzen! baldige Rückkehr der Weisheit! Ewiges Erwachen dem Frieden! Ruhe der rastlosen Liebe! Verklärung des Herzens! Leben dem Alterthum und Gestalt der Zukunft! Der König berührte ihre offene Stirn mit der Lilie: Was du bittest, sey dir gewährt. – Dreymal werde ich bitten, wenn ich zum viertenmale komme, so ist die Liebe vor der Thür. Jetzt gieb mir die Leyer. – Eridanus! bringe sie her, rief der König. Rauschend strömte Eridanus von der Decke, und Fabel zog die Leyer aus seinen blinkenden Fluten.

Fabel that einige weißagende Griffe; der König ließ ihr den Becher reichen, aus dem sie nippte und mit vielen Danksagungen hinweg eilte. Sie glitt in reizenden Bogenschwüngen über das Eismeer, indem sie fröliche Musik aus den Saiten lockte.
Das Eis gab unter ihren Tritten die herrlichsten Töne von sich. Der Felsen der Trauer hielt sie für Stimmen seiner suchenden rückkehrenden Kinder, und antwortete in einem tausendfachen Echo.

Fabel hatte bald das Gestade erreicht. Sie begegnete ihrer Mutter, die abgezehrt und bleich aussah, schlank und ernst geworden war, und in edlen Zügen die Spuren eines hoffnungslosen Grams, und rührender Treue verrieth.

Was ist aus dir geworden, liebe Mutter? sagte Fabel, du scheinst mir gänzlich verändert; ohne inneres Anzeichen hätt' ich dich nicht erkannt. Ich hoffte mich an deiner Brust einmal wieder zu erquicken; ich habe lange nach dir geschmachtet. Ginnistan liebkoste sie zärtlich, und sah heiter und freundlich aus. Ich dachte es gleich, sagte sie, daß dich der Schreiber nicht würde gefangen haben. Dein Anblick erfrischt mich. Es geht mir schlimm und knapp genug, aber ich tröste mich bald. Vielleicht habe ich einen Augenblick Ruhe. Eros ist in der Nähe, und wenn er dich sieht, und du ihm vorplauderst, verweilt er vielleicht einige Zeit. Indeß kannst du dich an meine Brust legen; ich will dir geben, was ich habe. Sie nahm die Kleine auf den Schooß, reichte ihr die Brust, und fuhr fort, indem sie lächelnd auf die Kleine hinuntersah, die es sich gut schmecken ließ. Ich bin selbst Ursach, daß Eros so wild und unbeständig geworden ist. Aber mich reut es dennoch nicht, denn jene Stunden, die ich in seinen Armen zubrachte, haben mich zur Unsterblichen gemacht. Ich glaubte unter seinen feurigen Liebkosungen zu zerschmelzen. Wie ein himmlischer Räuber schien er mich grausam vernichten und stolz über sein bebendes Opfer triumphiren zu wollen. Wir erwachten spät aus dem verbotenen Rausche, in einem sonderbar vertauschten Zustande. Lange silberweiße Flügel bedeckten seine weißen Schultern, und die reitzende Fülle und Biegung seiner Gestalt. Die Kraft, die ihn so plötzlich aus einem Knaben zum Jünglinge quellend getrieben, schien sich ganz in die glänzenden Schwingen gezogen zu haben, und er war wieder zum Knaben geworden. Die stille Glut seines Gesichts war in das tändelnde Feuer eines Irrlichts, der heilige Ernst in verstellte Schalkheit, die bedeutende Ruhe in kindische Unstätigkeit, der edle Anstand in drollige Beweglichkeit verwandelt. Ich fühlte mich von einer ernsthaften Leidenschaft unwiderstehlich zu dem muthwilligen Knaben gezogen, und empfand schmerzlich seinen lächelnden Hohn, und seine Gleichgültigkeit gegen meine rührendsten Bitten. Ich sah meine Gestalt verändert. Meine sorglose Heiterkeit war verschwunden, und hatte einer traurigen Bekümmerniß, einer zärtlichen Schüchternheit Platz gemacht. Ich hätte mich mit Eros vor allen Augen verbergen mögen. Ich hatte nicht das Herz in seine beleidigenden Augen zu sehn, und fühlte mich entsetzlich beschämt und erniedrigt. Ich hatte keinen andern Gedanken, als ihn, und hätte mein Leben hingegeben, um ihn von seinen Unarten zu befreyen. Ich mußte ihn anbeten, so tief er auch alle meine Empfindungen kränkte.

Seit der Zeit, wo er sich aufmachte und mir entfloh, so rührend ich auch mit den heißesten Thränen ihn beschwor, bey mir zu bleiben, bin ich ihm überall gefolgt. Er scheint es ordentlich darauf anzulegen, mich zu necken. Kaum habe ich ihn erreicht, so fliegt er tückisch weiter. Sein Bogen richtet überall Verwüstungen an. Ich habe nichts zu thun, als die Unglücklichen zu trösten, und habe doch selbst Trost nöthig. Ihre Stimmen, die mich rufen, zeigen mir seinen Weg, und ihre wehmüthigen Klagen, wenn ich sie wieder verlassen muß, gehen mir tief zu Herzen. Der Schreiber verfolgt uns mit entsetzlicher Wuth, und rächt sich an den armen Getroffenen. Die Frucht jener geheimnißvollen Nacht, waren eine zahlreiche Menge wunderlicher Kinder, die ihrem Großvater ähnlich sehn, und nach ihm genannt sind. Geflügelt wie ihr Vater begleiten sie ihn beständig, und plagen die Armen, die sein Pfeil trifft. Doch da kömmt der fröliche Zug. Ich muß fort; lebe wohl, süßes Kind. Sei[ne] Nähe erregt meine Leidenschaft. Sey glücklich in deinem Vorhaben. – Eros zog weiter, ohne Ginnistan, die auf ihn zueilte, einen zärtlichen Blick zu gönnen. Aber zu Fabel wandte er sich freundlich, und seine kleinen Begleiter tanzten fröhlich um sie her. Fabel freute sich, ihren Milchbruder wieder zu sehn, und sang zu ihrer Leyer ein munteres Lied. Eros schien sich besinnen zu wollen und ließ den Bogen fallen. Die Kleinen entschliefen auf dem Rasen. Ginnistan konnte ihn fassen, und er litt ihre zärtlichen Liebkosungen. Endlich fing Eros auch an zu nicken, schmiegte sich an Ginnistans Schooß, und schlummerte ein, indem er seine Flügel über sie ausbreitete. Unendlich froh war die müde Ginnistan, und verwandte kein Auge von dem holden Schläfer. Während des Gesanges waren von allen Seiten Taranteln zum Vorschein gekommen, die über die Grashalme ein glänzendes Netz zogen, und lebhaft nach dem Takte sich an ihren Fäden bewegten. Fabel tröstete nun ihre Mutter, und versprach ihr baldige Hülfe. Vom Felsen tönte der sanfte Wiederhall der Musik, und wiegte die Schläfer ein. Ginnistan sprengte aus dem wohlverwahrten Gefäß einige Tropfen in die Luft, und die anmuthigsten Träume fielen auf sie nieder. Fabel nahm das Gefäß mit und setzte ihre Reise fort. Ihre Saiten ruhten nicht, und die Taranteln folgten auf schnellgesponnenen Fäden den bezaubernden Tönen.

Sie sah bald von weitem die hohe Flamme des Scheiterhaufens, die über den grünen Wald emporstieg. Traurig sah sie gen Himmel, und freute sich, wie sie Sophieens blauen Schleyer erblickte, der wallend über der Erde schwebte, und auf ewig die ungeheure Gruft bedeckte. Die Sonne stand feuerroth vor Zorn am Himmel, die gewaltige Flamme sog an ihrem geraubten Lichte, und so heftig sie es auch an sich zu halten schien, so ward sie doch immer bleicher und fleckiger. Die Flamme ward weißer und mächtiger, je fahler die Sonne ward. Sie sog das Licht immer stärker in sich und bald war die Glorie um das Gestirn des Tages verzehrt und nur als eine matte, glänzende Scheibe stand es noch da, indem jede neue Regung des Neides und der Wuth den Ausbruch der entfliehenden Lichtwellen vermehrte. Endlich war nichts von der Sonne mehr übrig, als eine schwarze ausgebrannte Schlacke, die herunter ins Meer fiel. Die Flamme war über allen Ausdruck glänzend geworden. Der Scheiterhaufen war verzehrt. Sie hob sich langsam in die Höhe und zog nach Norden. Fabel trat in den Hof, der verödet aussah; das Haus war unterdeß verfallen. Dornsträuche wuchsen in den Ritzen der Fenstergesimse und Ungeziefer aller Art kribbelte auf den zerbrochenen Stiegen. Sie hörte im Zimmer einen entsetzlichen Lärm; der Schreiber und seine Gesellen hatten sich an dem Flammentode der Mutter geweidet, waren aber gewaltig erschrocken, wie sie den Untergang der Sonne wahrgenommen hatten.

Sie hatten sich vergeblich angestrengt, die Flamme zu löschen, und waren bey dieser Gelegenheit nicht ohne Beschädigungen geblieben. Der Schmerz und die Angst preßte ihnen entsetzliche Verwünschungen und Klagen aus. Sie erschraken noch mehr, als Fabel ins Zimmer trat, und stürmten mit wüthendem Geschrey auf sie ein, um an ihr den Grimm auszulassen. Fabel schlüpfte hinter die Wiege, und ihre Verfolger traten ungestüm in das Gewebe der Taranteln, die sich durch unzählige Bisse an ihnen rächten. Der ganze Haufen fing nun toll an zu tanzen, wozu Fabel ein lustiges Lied spielte. Mit vielem Lachen über ihre possierlichen Fratzen ging sie auf die Trümmer des Altars zu, und räumte sie weg, um die verborgene Treppe zu finden, auf der sie mit ihrem Tarantelgefolge hinunter stieg. Die Sphinx fragte:

Was kommt plötzlicher, als der Blitz? – Die Rache, sagte Fabel. – Was ist am vergänglichsten? – Ungerechter Besitz. – Wer kennt die Welt? – Wer sich selbst kennt. – Was ist das ewige Geheimniß? – Die Liebe. – Bei wem ruht es? – Bei Sophieen. Die Sphinx krümmte sich kläglich, und Fabel trat in die Höhle.

Hier bringe ich euch Taranteln, sagte sie zu den Alten, die ihre Lampe wieder angezündet hatten und sehr ämsig arbeiteten. Sie erschraken, und die eine lief mit der Scheere auf sie zu, um sie zu erstechen. Unversehens trat sie auf eine Tarantel, und diese stach sie in den Fuß. Sie schrie erbärmlich. Die andern wollten ihr zu Hülfe kommen und wurden ebenfalls von den erzürnten Taranteln gestochen. Sie konnten sich nun nicht an Fabel vergreifen, und sprangen wild umher. Spinn uns gleich, riefen sie grimmig der Kleinen zu, leichte Tanzkleider. Wir können uns in den steifen Röcken nicht rühren, und vergehn fast vor Hitze, aber mit Spinnensaft mußt du den Faden einweichen, daß er nicht reißt, und wirke Blumen hinein, die im Feuer gewachsen sind, sonst bist du des Todes. Recht gern, sagte Fabel und ging in die Nebenkammer.

Ich will euch drey tüchtige Fliegen verschaffen, sagte sie zu den Kreuzspinnen, die ihre luftigen Gewebe rund um an der Decke und den Wänden angeheftet hatten, aber ihr müßt mir gleich drey hübsche, leichte Kleider spinnen. Die Blumen, die hinein gewirkt werden sollen, will ich auch gleich bringen. Die Kreuzspinnen waren bereit und fingen rasch zu weben an. Fabel schlich sich zur Leiter und begab sich zu Arctur. Monarch, sagte sie, die Bösen tanzen, die Guten ruhn. Ist die Flamme angekommen? Sie ist angekommen sagte der König. Die Nacht ist vorbey und das Eis schmilzt. Meine Gattin zeigt sich von weitem. Meine Feindinn ist versenkt. Alles fängt zu leben an. Noch darf ich mich nicht sehn lassen, denn allein bin ich nicht König. Bitte was du willst. – Ich brauche, sagte Fabel, Blumen, die im Feuer gewachsen sind. Ich weiß, du hast einen geschickten Gärtner, der sie zu ziehen versteht. – Zink, rief der König, gieb uns Blumen. Der Blumengärtner trat aus der Reihe, holte einen Topf voll Feuer, und säete glänzenden Samenstaub hinein. Es währte nicht lange, so flogen die Blumen empor. Fabel sammelte sie in ihre Schürze, und machte sich auf den Rückweg. Die Spinnen waren fleißig gewesen, und es fehlte nichts mehr, als das Anheften der Blumen, welches sie sogleich mit vielem Geschmack und Behendigkeit begannen. Fabel hütete sich wohl die Enden abzureißen, die noch an den Weberinnen hingen.

Sie trug die Kleider den ermüdeten Tänzerinnen hin, die triefend von Schweiß umgesunken waren, und sich einige Augenblicke von der ungewohnten Anstrengung erholten. Mit vieler Geschicklichkeit entkleidete sie die hagern Schönheiten, die es an Schmähungen der kleinen Dienerinn nicht fehlen ließen, und zog ihnen die neuen Kleider an, die sehr niedlich gemacht waren und vortrefflich paßten. Sie pries während dieses Geschäftes die Reize und den liebenswürdigen Charakter ihrer Gebieterinnen, und die Alten schienen ordentlich erfreut über die Schmeicheleyen und die Zierlichkeit des Anzuges. Sie hatten sich unterdeß erholt, und fingen von neuer Tanzlust beseelt wieder an, sich munter umherzudrehen, indem sie heimtückisch der Kleinen langes Leben und große Belohnungen versprachen. Fabel ging in die Kammer zurück, und sagte zu den Kreuzspinnen: Ihr könnt nun die Fliegen getrost verzehren, die ich in eure Weben gebracht habe. Die Spinnen waren so schon ungeduldig über das hin- und herreißen, da die Enden noch in ihnen waren und die Alten so toll umhersprangen; sie rannten also hinaus, und fielen über die Tänzerinnen her; diese wollten sich mit der Scheere vertheidigen, aber Fabel hatte sie in aller Stille mitgenommen. Sie unterlagen also ihren hungrigen Handwerksgenossen, die lange keine so köstlichen Bissen geschmeckt hatten, und sie bis auf das Mark aussaugten. Fabel sah durch die Felsenkluft hinaus, und erblickte den Perseus mit dem großen eisernen Schilde. Die Scheere flog von selbst dem Schilde zu, und Fabel bat ihn, Eros Flügel damit zu verschneiden, und dann mit seinem Schilde die Schwestern zu verewigen, und das große Werk zu vollenden.

Sie verließ nun das unterirdische Reich, und stieg frölich zu Arcturs Pallaste.

Der Flachs ist versponnen. Das Leblose ist wieder entseelt. Das Lebendige wird regieren, und das Leblose bilden und gebrauchen. Das Innere wird offenbart, und das Äußere verborgen.

Der Vorhang wird sich bald heben, und das Schauspiel seinen Anfang nehmen. Noch einmal bitte ich, dann spinne ich Tage der Ewigkeit. – Glückliches Kind, sagte der gerührte Monarch, du bist unsre Befreyerin. – Ich bin nichts als Sophiens Pathe, sagte die Kleine. Erlaube daß Turmalin, der Blumengärtner, und Gold mich begleiten. Die Asche meiner Pflegemutter muß ich sammeln, und der alte Träger muß wieder aufstehn, daß die Erde wieder schwebe und nicht auf dem Chaos liege.

Der König rief allen Dreyen, und befahl ihnen, die Kleine zu begleiten. Die Stadt war hell, und auf den Straßen war ein lebhaftes Verkehr. Das Meer brach sich brausend an der hohlen Klippe, und Fabel fuhr auf des Königs Wagen mit ihren Begleitern hinüber. Turmalin sammelte sorgfältig die auffliegende Asche. Sie gingen rund um die Erde, bis sie an den alten Riesen kamen, an dessen Schultern sie hinunter klimmten. Er schien vom Schlage gelähmt, und konnte kein Glied rühren. Gold legte ihm eine Münze in den Mund, und der Blumengärtner schob eine Schüssel unter seine Lenden. Fabel berührte ihm die Augen, und goß das Gefäß auf seiner Stirn aus. So wie das Wasser über das Auge in den Mund und herunter über ihn in die Schüssel floß, zuckte ein Blitz des Lebens ihm in allen Muskeln. Er schlug die Augen auf und hob sich rüstig empor. Fabel sprang zu ihren Begleitern auf die steigende Erde, und bot ihm freundlich guten Morgen. Bist du wieder da, liebliches Kind? sagte der Alte; habe ich doch immer von dir geträumt. Ich dachte immer, du würdest erscheinen, ehe mir die Erde und die Augen zu schwer würden. Ich habe wohl lange geschlafen. Die Erde ist wieder leicht, wie sie es immer den Guten war, sagte Fabel. Die alten Zeiten kehren zurück. In Kurzem bist du wieder unter alten Bekannten. Ich will dir fröliche Tage spinnen, und an einem Gehülfen soll es auch nicht fehlen, damit du zuweilen an unsern Freuden Theil nehmen, und im Arm einer Freundinn Jugend und Stärke einathmen kannst. Wo sind unsere alten Gastfreundinnen, die Hesperiden? – An Sophiens Seite. Bald wird ihr Garten wieder blühen, und die goldne Frucht duften. Sie gehen umher und sammeln die schmachtenden Pflanzen.

Fabel entfernte sich, und eilte dem Hause zu. Es war zu

völligen Ruinen geworden. Epheu umzog die Mauern. Hohe Büsche beschatteten den ehemaligen Hof, und weiches Moos polsterte die alten Stiegen. Sie trat ins Zimmer. Sophie stand am Altar, der wieder aufgebaut war. Eros lag zu ihren Füßen in voller Rüstung, ernster und edler als jemals. Ein prächtiger Kronleuchter hing von der Decke. Mit bunten Steinen war der Fußboden ausgelegt, und zeigte einen großen Kreis um den Altar her, der aus lauter edlen bedeutungsvollen Figuren bestand. Ginnistan bog sich über ein Ruhebett, worauf der Vater in tiefem Schlummer zu liegen schien, und weinte. Ihre blühende Anmuth war durch einen Zug von Andacht und Liebe unendlich erhöht. Fabel reichte die Urne, worin die Asche gesammelt war, der heiligen Sophie, die sie zärtlich umarmte.

Liebliches Kind, sagte sie, dein Eifer und deine Treue haben dir einen Platz unter den ewigen Sternen erworben. Du hast das Unsterbliche in dir gewählt. Der Phönix gehört dir. Du wirst die Seele unsers Lebens seyn. Jetzt wecke den Bräutigam auf. Der Herold ruft, und Eros soll Freya suchen und aufwecken.

Fabel freute sich unbeschreiblich bey diesen Worten. Sie rief ihren Begleitern Gold und Zink, und nahte sich dem Ruhebette. Ginnistan sah erwartungsvoll ihrem Beginnen zu. Gold schmolz die Münze und füllte das Behältniß, worin der Vater lag, mit einer glänzenden Flut. Zink schlang um Ginnistans Busen eine Kette. Der Körper schwamm auf den zitternden Wellen. Bücke dich, liebe Mutter, sagte Fabel, und lege die Hand auf das Herz des Geliebten.

Ginnistan bückte sich. Sie sah ihr vielfaches Bild. Die Kette berührte die Flut, ihre Hand sein Herz; er erwachte und zog die entzückte Braut an seine Brust. Das Metall gerann, und ward ein heller Spiegel. Der Vater erhob sich, seine Augen blitzten, und so schön und bedeutend auch seine Gestalt war, so schien doch sein ganzer Körper eine feine unendlich bewegliche Flüssigkeit zu seyn, die jeden Eindruck in den mannichfaltigsten und reitzendsten Bewegungen verrieth.

Das glückliche Paar näherte sich Sophien, die Worte der Weihe über sie aussprach, und sie ermahnte, den Spiegel fleißig zu Rathe zu ziehn, der alles in seiner wahren Gestalt zurückwerfe, jedes

Blendwerk vernichte, und ewig das ursprüngliche Bild festhalte. Sie ergriff nun die Urne und schüttete die Asche in die Schaale auf dem Altar. Ein sanftes Brausen verkündigte die Auflösung, und ein leiser Wind wehte in den Gewändern und Locken der Umstehenden.

Sophie reichte die Schaale dem Eros und dieser den Andern. Alle kosteten den göttlichen Trank, und vernahmen die freundliche Begrüßung der Mutter in ihrem Innern, mit unsäglicher Freude. Sie war jedem gegenwärtig, und ihre geheimnißvolle Anwesenheit schien alle zu verklären.

Die Erwartung war erfüllt und übertroffen. Alle merkten, was ihnen gefehlt habe, und das Zimmer war ein Aufenthalt der Seligen geworden. Sophie sagte: das große Geheimniß ist allen offenbart, und bleibt ewig unergründlich. Aus Schmerzen wird die neue Welt geboren, und in Thränen wird die Asche zum Trank des ewigen Lebens aufgelöst. In jedem wohnt die himmlische Mutter, um jedes Kind ewig zu gebären. Fühlt ihr die süße Geburt im Klopfen eurer Brust?

Sie goß in den Altar den Rest aus der Schaale hinunter. Die Erde bebte in ihren Tiefen. Sophie sagte: Eros, eile mit deiner Schwester zu deiner Geliebten. Bald seht ihr mich wieder.

Fabel und Eros gingen mit ihrer Begleitung schnell hinweg. Es war ein mächtiger Frühling über die Erde verbreitet. Alles hob und regte sich. Die Erde schwebte näher unter dem Schleyer. Der Mond und die Wolken zogen mit frölichem Getümmel nach Norden. Die Königsburg strahlte mit herrlichem Glanze über das Meer, und auf ihren Zinnen stand der König in voller Pracht mit seinem Gefolge. Überall erblickten sie Staubwirbel, in denen sich bekannte Gestalten zu bilden schienen. Sie begegneten zahlreichen Schaaren von Jünglingen und Mädchen, die nach der Burg strömten, und sie mit Jauchzen bewillkommten. Auf manchen Hügeln saß ein glückliches eben erwachtes Paar in lang entbehrter Umarmung, hielt die neue Welt für einen Traum, und konnte nicht aufhören, sich von der schönen Wahrheit zu überzeugen.

Die Blumen und Bäume wuchsen und grünten mit Macht. Alles schien beseelt. Alles sprach und sang. Fabel grüßte überall alte Bekannte. Die Thiere nahten sich mit freundlichen Grüßen den erwachten Menschen. Die Pflanzen bewirtheten sie mit Früchten und Düften, und schmückten sie auf das Zierlichste. Kein Stein lag mehr auf einer Menschenbrust, und alle Lasten waren in sich selbst zu einem festen Fußboden zusammengesunken. Sie kamen an das Meer. Ein Fahrzeug von geschliffenem Stahl lag am Ufer festgebunden. Sie traten hinein und lösten das Tau. Die Spitze richtete sich nach Norden, und das Fahrzeug durchschnitt, wie im Fluge, die buhlenden Wellen. Lispelndes Schilf hielt seinen Ungestüm auf, und es stieß leise an das Ufer. Sie eilten die breiten Treppen hinan. Die Liebe wunderte sich über die königliche Stadt und ihre Reichthümer. Im Hofe sprang der lebendiggewordne Quell, der Hain bewegte sich mit den süßesten Tönen, und ein wunderbares Leben schien in seinen heißen Stämmen und Blättern, in seinen funkelnden Blumen und Früchten zu quellen und zu treiben. Der alte Held empfing sie an den Thoren des Pallastes. Ehrwürdiger Alter, sagte Fabel, Eros bedarf dein Schwerdt. Gold hat ihm eine Kette gegeben, die mit einem Ende in das Meer hinunter reicht, und mit dem andern um seine Brust geschlungen ist. Fasse sie mit mir an, und führe uns in den Saal, wo die Prinzessin ruht. Eros nahm aus der Hand des Alten das Schwerdt, setzte den Knopf auf seine Brust, und neigte die Spitze vorwärts. Die Flügelthüren des Saals flogen auf, und Eros nahte sich entzückt der schlummernden Freya. Plötzlich geschah ein gewaltiger Schlag. Ein heller Funken fuhr von der Prinzessin nach dem Schwerdte; das Schwerdt und die Kette leuchteten, der Held hielt die kleine Fabel, die beynah umgesunken wäre. Eros Helmbusch wallte empor, Wirf das Schwerdt weg, rief Fabel, und erwecke deine Geliebte. Eros ließ das Schwerdt fallen, flog auf die Prinzessin zu, und küßte feurig ihre süßen Lippen. Sie schlug ihre großen dunkeln Augen auf, und erkannte den Geliebten. Ein langer Kuß versiegelte den ewigen Bund.

Von der Kuppel herunter kam der König mit Sophien an der Hand. Die Gestirne und die Geister der Natur folgten in glänzenden Reihen. Ein unaussprechlich heitrer Tag erfüllte den Saal, den Pallast, die Stadt, und den Himmel. Eine zahllose Menge ergoß sich in den weiten königlichen Saal, und sah mit stiller Andacht die Liebenden vor dem König und der Königinn knieen, die sie feyerlich segneten. Der König nahm sein Diadem vom Haupte, und band es um Eros goldene Locken. Der alte Held zog ihm die Rüstung ab, und der König warf seinen Mantel um ihn her. Dann gab er ihm die Lilie in die linke Hand, und Sophie knüpfte ein köstliches Armband um die verschlungenen Hände der Liebenden, indem sie zugleich ihre Krone auf Freyas braune Haare setzte.

Heil unsern alten Beherrschern, rief das Volk. Sie haben immer unter uns gewohnt, und wir haben sie nicht erkannt! Heil uns! Sie werden uns ewig beherrschen! Segnet uns auch! Sophie sagte zu der neuen Königinn: Wirf du das Armband eures Bundes in die Luft, daß das Volk und die Welt euch verbunden bleiben. Das Armband zerfloß in der Luft, und bald sah man lichte Ringe um jedes Haupt, und ein glänzendes Band zog sich über die Stadt und das Meer und die Erde, die ein ewiges Fest des Frühlings feyerte. Perseus trat herein, und trug eine Spindel und ein Körbchen. Er brachte dem neuen Könige das Körbchen. Hier, sagte er, sind die Reste deiner Feinde. Eine steinerne Platte mit schwarzen und weißen Feldern lag darin, und daneben eine Menge Figuren von Alabaster und schwarzem Marmor. Es ist ein Schachspiel, sagte Sophie; aller Krieg ist auf diese Platte und in diese Figuren gebannt. Es ist ein Denkmal der alten trüben Zeit. Perseus wandte sich zu Fabel, und gab ihr die Spindel. In deinen Händen wird diese Spindel uns ewig erfreuen, und aus dir selbst wirst du uns einen goldnen unzerreißlichen Faden spinnen. Der Phönix flog mit melodischem Geräusch zu ihren Füßen, spreizte seine Fittiche vor ihr aus, auf die sie sich setzte, und schwebte mit ihr über den Thron, ohne sich wieder niederzulassen. Sie sang ein himmlisches Lied, und fing zu spinnen an, indem der Faden aus ihrer Brust sich hervorzuwinden schien. Das Volk gerieth in neues Entzücken, und aller Augen hingen an dem lieblichen Kinde. Ein neues Jauchzen kam von der Thür her. Der alte Mond kam mit seinem wunderlichen Hofstaat herein, und hinter ihm trug das Volk Ginnistan und ihren Bräutigam, wie im Triumph, einher.

Sie waren mit Blumenkränzen umwunden; die königliche Familie empfing sie mit der herzlichsten Zärtlichkeit, und das neue Königspaar rief sie zu seinen Statthaltern auf Erden aus.

Gönnet mir, sagte der Mond, das Reich der Parzen, dessen seltsame Gebäude eben auf dem Hofe des Pallastes aus der Erde gestiegen sind. Ich will euch mit Schauspielen darin ergötzen, wozu die kleine Fabel mir behülflich seyn wird.

Der König willigte in die Bitte, die kleine Fabel nickte freundlich, und das Volk freute sich auf den seltsamen unterhaltenden Zeitvertreib. Die Hesperiden ließen zur Thronbesteigung Glück wünschen, und um Schutz in ihren Gärten bitten. Der König ließ sie bewillkommen, und so folgten sich unzählige fröliche Bothschaften. Unterdessen hatte sich unmerklich der Thron verwandelt, und war ein prächtiges Hochzeitbett geworden, über dessen Himmel der Phönix mit der kleinen Fabel schwebte. Drey Karyatiden aus dunkelm Porphyr trugen es hinten, und vorn ruhte dasselbe auf einer Sphinx aus Basalt. Der König umarmte seine erröthende Geliebte, und das Volk folgte dem Beyspiel des Königs, und liebkoste sich unter einander. Man hörte nichts, als zärtliche Namen und ein Kußgeflüster. Endlich sagte Sophie: Die Mutter ist unter uns, ihre Gegenwart wird uns ewig beglükken. Folgt uns in unsere Wohnung, in dem Tempel dort werden wir ewig wohnen, und das Geheimniß der Welt bewahren. Die Fabel spann ämsig und sang mit lauter Stimme:

Gegründet ist das Reich der Ewigkeit,
In Lieb' und Frieden endigt sich der Streit,
Vorüber ging der lange Traum der Schmerzen,
Sophie ist ewig Priesterin der Herzen.

ZWEITER THEIL.

Die Erfüllung.

Das Kloster, oder der Vorhof.

Astralis.

An einem Sommermorgen ward ich jung
Da fühlt ich meines eignen Lebens Puls
Zum erstenmal – und wie die Liebe sich
In tiefere Entzückungen verlohr,
Erwacht' ich immer mehr, und das Verlangen
Nach innigerer, gänzlicher Vermischung
Ward dringender mit jedem Augenblick.
Wollust ist meines Daseyns Zeugungskraft.
Ich bin der Mittelpunkt, der heilge Quell,
Aus welchem jede Sehnsucht stürmisch fließt
Wohin sich jede Sehnsucht mannichfach
Gebrochen wieder still zusammen zieht.
Ihr kennt mich nicht und saht mich werden –
Wart ihr nicht Zeugen, wie ich noch
Nachtwandler mich zum erstenmale traf
An jenem frohen Abend? Flog euch nicht
Ein süßer Schauer der Entzündung an? –
Versunken lag ich ganz in Honigkelchen.
Ich duftete, die Blume schwankte still
In goldner Morgenluft. Ein innres Quellen
War ich, ein sanftes Ringen, alles floß
Durch mich und über mich und hob mich leise.
Da sank das erste Stäubchen in die Narbe,
Denkt an den Kuß nach aufgehobnen Tisch.
Ich quoll in meine eigne Flut zurück –
Es war ein Blitz – nun konnt ich schon mich regen,

Die zarten Fäden und den Kelch bewegen.
Schnell schossen, wie ich selber mich begann,
Zu irrdschen Sinnen die Gedanken an.
Noch war ich blind, doch schwankten lichte Sterne
Durch meines Wesens wunderbare Ferne,
Nichts war noch nah, ich fand mich nur von weiten,
Ein Anklang alter, so wie künftger Zeiten.
Aus Wehmuth, Lieb' und Ahndungen entsprungen
War der Besinnung Wachsthum nur ein Flug,
Und wie die Wollust Flammen in mir schlug,
Ward ich zugleich vom höchsten Weh durchdrungen.
Die Welt lag blühend um den hellen Hügel,
Die Worte des Profeten wurden Flügel,
Nicht einzeln mehr nur Heinrich und Mathilde
Vereinten Beide sich zu Einem Bilde. –
Ich hob mich nun gen Himmel neugebohren,
Vollendet war das irrdische Geschick
Im seligen Verklärungsaugenblick,
Es hatte nun die Zeit ihr Recht verlohren
Und forderte, was sie geliehn, zurück.

Es bricht die neue Welt herein
Und verdunkelt den hellsten Sonnenschein[,]
Man sieht nun aus bemooßten Trümmern
Eine wunderseltsame Zukunft schimmern
Und was vordem alltäglich war
Scheint jetzo fremd und wunderbar.
<Eins in allem und alles im Einen
Gottes Bild auf Kräutern und Steinen
Gottes Geist in Menschen und Thieren,
Dies muß man sich zu Gemüthe führen.
Keine Ordnung mehr nach Raum und Zeit
Hier Zukunft in der Vergangenheit[.]>
Der Liebe Reich ist aufgethan
Die Fabel fängt zu spinnen an.
Das Urspiel jeder Natur beginnt
Auf kräftige Worte jedes sinnt

Und so das große Weltgemüth
Überall sich regt und unendlich blüht.
Alles muß in einander greifen
Eins durch das Andre gedeihn und reifen;
Jedes in Allen dar sich stellt
Indem es sich mit ihnen vermischet
Und gierig in ihre Tiefen fällt
Sein eigenthümliches Wesen erfrischet
Und tausend neue Gedanken erhält.
Die Welt wird Traum, der Traum wird Welt
Und was man geglaubt, es sey geschehn
Kann man von weiten erst kommen sehn.
Frey soll die Fantasie erst schalten,
Nach ihrem Gefallen die Fäden verweben
Hier manches verschleyern, dort manches entfalten,
Und endlich in magischen Dunst verschweben.
Wehmuth und Wollust, Tod und Leben
Sind hier in innigster Sympathie –
Wer sich der höchsten Lieb' ergeben,
Genest von ihren Wunden nie.
Schmerzhaft muß jenes Band zerreißen,
Was sich ums innre Auge zieht,
Einmal das treuste Herz verwaisen,
Eh es der trüben Welt entflieht.
Der Leib wird aufgelöst in Thränen,
Zum weiten Grabe wird die Welt,
In das, verzehrt von bangen Sehnen,
Das Herz, als Asche, niederfällt.

Auf dem schmalen Fußsteige, der ins Gebürg hinauflief, gieng ein Pilgrimm in tiefen Gedanken. Mittag war vorbey. Ein starker Wind sauste durch die blaue Luft. Seine dumpfen, mannichfaltigen Stimmen verloren sich, wie sie kamen. War er vielleicht durch die Gegenden der Kindheit geflogen? Oder durch andre redende Länder? Es waren Stimmen, deren Echo nach im Innersten klang und dennoch schien sie der Pilgrimm nicht zu kennen. Er hatte nun das Gebürg erreicht, wo er das Ziel seiner Reise zu finden hoffte – hoffte? – Er hoffte gar nichts mehr. Die entsetzliche Angst und dann die trockne Kälte der gleichgültigsten Verzweiflung trieben ihn die wilden Schrecknisse des Gebürgs aufzusuchen. Der mühselige Gang beruhigte das zerstörende Spiel der innern Gewalten. Er war matt aber still. Noch sah er nichts was um ihn her sich allmälich gehäuft hatte, als er sich auf einen Stein setzte, und den Blick rückwärts wandte. Es dünkte ihm, als träume er jezt oder habe er geträumt. Eine unübersehliche Herrlichkeit schien sich vor ihm aufzuthun. Bald flossen seine Thränen, indem sein Innres plötzlich brach. Er wollte sich in die Ferne verweinen, daß auch keine Spur seines Daseyns übrig bliebe. Unter dem heftigen Schluchzen schien er zu sich selbst zu kommen; die weiche, heitre Luft durchdrang ihn, seinen Sinnen ward die Welt wieder gegenwärtig und alte Gedanken fiengen tröstlich zu reden an.

Dort lag Augsburg mit seinen Thürmen. Fern am Gesichtskreis blinkte der Spiegel des furchtbaren, geheimnißvollen Stroms. Der ungeheure Wald bog sich mit tröstlichen Ernst zu dem Wanderer – das gezackte Gebürg ruhte so bedeutend über der Ebene und beyde schienen zu sagen: Eile nur, Strom, du entfliehst uns nicht – Ich will dir folgen mit geflügelten Schiffen. Ich will dich brechen und halten und dich verschlucken in meinen Schooß. Vertraue du uns Pilgrimm, es ist auch unser Feind, den wir selbst erzeugten – Laß ihn eilen mit seinem Raub, er entflieht uns nicht.

Der arme Pilgrimm gedachte der alten Zeiten, und ihrer unsäglichen Entzückungen – Aber wie matt gingen diese köstlichen

Errinnerungen vorüber. Der breite Hut verdeckte ein jugendliches Gesicht. Es war bleich, wie eine Nachtblume. In Thränen hatte sich der Balsamsaft des jungen Lebens, in tiefe Seufzer sein schwellender Hauch verwandelt. In ein fahles Aschgrau waren alle seine Farben verschossen.

Seitwärts am Gehänge schien ihm ein Mönch unter einem alten Eichbaum zu knieen. Sollte das der alte Hofkaplan seyn? so dacht er bey sich ohne große Verwunderung. Der Mönch kam ihm größer und ungestalter vor, je näher er zu ihm trat. Er bemerkte nun seinen Irrthum, denn es war ein einzelner Felsen, über den sich der Baum herbog. Stillgerührt faßte er den Stein in seine Arme, und drückte ihn lautweinend an seine Brust: Ach, daß doch jezt deine Reden sich bewährten und die heilge Mutter ein Zeichen an mir thäte. Bin ich doch so ganz elend und verlassen. Wohnt in meiner Wüste kein Heiliger, der mir sein Gebet liehe? Bete du, theurer Vater, jezt in diesem Augenblick für mich.

Wie er so bey sich dachte fieng der Baum an zu zittern. Dumpf dröhnte der Felsen und wie aus tiefer, unterirrdischer Ferne erhoben sich einige klare Stimmchen und sangen:

Ihr Herz war voller Freuden
Von Freuden sie nur wußt
Sie wußt von keinem Leiden
Druckts Kindelein an ihr' Brust.
Sie küßt ihm seine Wangen
Sie küßt es mannichfalt,
Mit Liebe ward sie umfangen
Durch Kindleins schöne Gestalt.

Die Stimmchen schienen mit unendlicher Lust zu singen. Sie wiederholten den Vers einigemal. Es ward alles wieder ruhig und nun hörte der erstaunte Pilger, daß jemand aus dem Baume sagte:

Wenn du ein Lied zu meinen Ehren auf deiner Laute spielen wirst, so wird ein armes Mädchen herfürkommen. Nimm sie mit und laß sie nicht von dir. Gedenke meiner, wenn du zum Kayser kommst. Ich habe mir diese Stätte ausersehn um mit meinem Kindlein hier zu wohnen. Laß mir ein starkes, warmes Haus hier bauen. Mein Kindlein hat den Tod überwunden. Härme dich nicht – Ich bin bey dir. Du wirst noch eine Weile auf Erden bleiben, aber das Mädchen wird dich trösten, bis du auch stirbst und zu unsern Freuden eingehst. Es ist Mathildens Stimme, rief der Pilger, und fiel auf seine Kniee, um zu beten. Da drang durch die Aeste ein langer Strahl zu seinen Augen und er sah durch den Strahl in eine ferne, kleine, wundersame Herrlichkeit hinein, welche nicht zu beschreiben, noch kunstreich mit Farben nachzubilden möglich gewesen wäre. Es waren überaus feine Figuren und die innigste Lust und Freude, ja eine himmlische Glückseligkeit war darinn überall zu schauen, sogar daß die leblosen Gefäße, das Säulwerk, die Teppiche, Zierrathen, kurzum alles was zu sehn war nicht gemacht, sondern, wie ein vollsaftiges Kraut, aus eigner Lustbegierde also gewachsen und zusammengekommen zu seyn schien. Es waren die schönsten menschlichen Gestalten, die dazwischen umhergiengen und sich über die Maaßen freundlich und holdselig gegeneinander erzeigten. Ganz vorn stand die Geliebte des Pilgers und hatt' es das Ansehn, als wolle sie mit ihm sprechen. Doch war nichts zu hören und betrachtete der Pilger nur mit tiefer Sehnsucht ihre anmuthigen Züge und wie sie so freundlich und lächelnd ihm zuwinkte, und die Hand auf ihre linke Brust legte. Der Anblick war unendlich tröstend und erquickend und der Pilger lag noch lang in seliger Entzückung, als die Erscheinung wieder hinweggenommen war. Der heilige Strahl hatte alle Schmerzen und Bekümmernisse aus seinem Herzen gesogen, so daß sein Gemüth wieder rein und leicht und sein Geist wieder frey und fröhlich war, wie vordem. Nichts war übriggeblieben, als ein stilles inniges Sehnen und ein wehmüthiger Klang im Aller Innersten. Aber die wilden Qualen der Einsamkeit, die herbe Pein eines unsäglichen Verlustes, die trübe, entsezliche Leere, die irrdische Ohnmacht war gewichen, und der Pilgrimm sah sich wieder in einer vollen, bedeutsamen Welt. Stimme und Sprache waren wieder lebendig bey ihm geworden und es dünkte ihm nunmehr alles viel bekannter und weissagender, als ehemals, so daß ihm der Tod, wie eine höhere Offenbarung des Lebens, erschien, und er sein eignes, schnellvorübergehendes Daseyn mit kindlicher, heitrer Rührung betrachtete. Zukunft und Vergangenheit hatten sich in ihm berührt und einen innigen Verein geschlossen. Er stand weit außer der Gegenwart und die Welt ward ihm erst theuer, wie er sie verlohren hatte, und sich nur als Fremdling in ihr fand, der ihre weiten, bunten Säle noch eine kurze Weile durchwandern sollte. Es war Abend geworden, und die Erde lag vor ihm, wie ein altes, liebes Wohnhaus, was er nach langer Entfernung verlassen wiederfände. Tausend Errinnerungen wurden ihm gegenwärtig. Jeder Stein, jeder Baum, jede Anhöhe wollte wiedergekannt seyn. Jedes war das Merkmal einer alten Geschichte.

Der Pilger ergriff seine Laute und sang:

1

Liebeszähren, Liebesflammen
Fließt zusammen;
Heiligt diese Wunderstätten,
Wo der Himmel mir erschienen,
Schwärmt um diesen Baum wie Bienen
In unzähligen Gebeten.

2

Er hat froh sie aufgenommen
Als sie kommen,
Sie geschüzt vor Ungewittern;
Sie wird einst in ihrem Garten
Ihn begießen und ihn warten,
Wunder thun mit seinen Splittern.

3

Auch der Felsen ist gesunken
Freudentrunken
Zu der selgen Mutter Füßen.
Ist die Andacht auch in Steinen
Sollte da der Mensch nicht weinen
Und sein Blut für sie vergießen?

4

Die Bedrängten müssen ziehen
Und hier knieen,
Alle werden hier genesen.

Keiner wird fortan noch klagen
Alle werden fröhlich sagen:
Einst sind wir betrübt gewesen.

5

Ernste Mauern werden stehen
Auf den Höhen.
In den Thälern wird man rufen
Wenn die schwersten Zeiten kommen,
Keinem sey das Herz beklommen,
Nur hinan zu jenen Stufen.

6

Gottes Mutter und Geliebte
Der Betrübte
Wandelt nun verklärt von hinnen.
Ewge Güte, ewge Milde,
O! ich weiß du bist Mathilde
Und das Ziel von meinen Sinnen.

7

Ohne mein verwegnes Fragen
Wirst mir sagen,
Wenn ich zu dir soll gelangen.
Gern will ich in tausend Weisen
Noch der Erde Wunder preisen,
Bis du kommst mich zu umfangen.

8

Alte Wunder, künftige Zeiten
Seltsamkeiten,
Weichet nie aus meinem Herzen.
Unvergeßlich sey die Stelle,
Wo des Lichtes heilge Quelle
Weggespült den Traum der Schmerzen.

Unter seinem Gesang war er nichts gewahr worden. Wie er aber aufsah, stand ein junges Mädchen nah bey ihm am Felsen, die ihn freundlich, wie einen alten Bekannten, grüßte und ihn einlud mit zu ihrer Wohnung zu gehn, wo sie ihm schon ein Abendessen zubereitet habe. Er schloß sie zärtlich in seinen Arm. Ihr ganzes Wesen und Thun war ihm befreundet. Sie bat ihn noch einige Augenblicke zu verziehn, trat unter den Baum, sah mit einem unaussprechlichen Lächeln hinauf und schüttete aus ihrer Schürze viele Rosen auf das Gras. Sie kniete still daneben, stand aber bald wieder auf und führte den Pilger fort. Wer hat dir von mir gesagt, frug der Pilgrimm. Unsre Mutter. Wer ist deine Mutter? Die Mutter Gottes. Seit wann bist du hier? Seitdem ich aus dem Grabe gekommen bin? Warst du schon einmal gestorben? Wie könnt' ich denn leben? Lebst du hier ganz allein? Ein alter Mann ist zu Hause, doch kenn ich noch viele die gelebt haben. Hast du Lust bey mir zu bleiben? Ich habe dich ja lieb. Woher kennst du mich? O! von alten Zeiten; auch erzählte mir meine ehmalige Mutter zeither immer von dir? Hast du noch eine Mutter? Ja, aber es ist eigentlich dieselbe. Wie hieß sie? Maria. Wer war dein Vater? Der Graf von Hohenzollern. Den kenn' ich auch. Wohl mußt du ihn kennen, denn er ist auch dein Vater. Ich habe ja meinen Vater in Eysenach? Du hast mehr Eltern. Wo gehn wir denn hin? Immer nach Hause.

Sie waren jezt auf einen geräumigen Platz im Holze gekommen, auf welchen einige verfallne Thürme hinter tiefen Gräben standen. Junges Gebüsch schlang sich um die alten Mauern, wie ein jugendlicher Kranz um das Silberhaupt eines Greises. Man sah in die Unermeßlichkeit der Zeiten, und erblickte die weitesten Geschichten in kleine glänzende Minuten zusammengezogen, wenn man die grauen Steine, die blitzähnlichen Risse, und die hohen, schaurigen Gestalten betrachtete. So zeigt uns der Himmel unendliche Räume in dunkles Blau gekleidet und wie milchfarbne Schimmer, so unschuldig, wie die Wangen eines Kindes, die fernsten Heere seiner schweren, ungeheuren Welten. Sie giengen durch ein altes Thorweg und der Pilger war nicht wenig erstaunt, als er sich nun von lauter seltenen Gewächsen umringt und die Reitze des anmuthigsten Gartens unter diesen Trümmern versteckt sah. Ein kleines steinernes Häuschen von neuer Bauart mit großen hellen Fenstern lag dahinter. Dort stand ein alter Mann hinter den breitblättrigen Stauden und band die schwanken Zweige an Stäbchen. Den Pilgrimm führte seine Begleiterinn zu ihm und sagte: Hier ist Heinrich nach den du mich oft gefragt hast. Wie sich der Alte zu ihm wandte, glaubte Heinrich den Bergmann vor sich zu sehn. Du siehst den Arzt Sylvester, sagte das Mädchen. Sylvester freute sich ihn zu sehn, und sprach: Es ist eine geraume Zeit her, daß ich deinen Vater eben so jung bey mir sah. Ich ließ es mir damals angelegen seyn, ihn mit den Schätzen der Vorwelt, mit der kostbaren Hinterlassenschaft einer zu früh abgeschiedenen Welt bekannt zu machen. Ich bemerkte in ihm die Anzeichen eines großen Bildkünstlers. Sein Auge regte sich voll Lust ein wahres Auge, ein schaffendes Werkzeug zu werden. Sein Gesicht zeugte von innrer Festigkeit und ausdauernden Fleis. Aber die gegenwärtige Welt hatte zu tiefe Wurzeln schon bey ihm geschlagen. Er wollte nicht Achtung geben auf den Ruf seiner eigensten Natur. Die trübe Strenge seines vaterländischen Himmels hatte die zarten Spitzen der edelsten Pflanze in ihn verdorben. Er ward ein geschickter Handwerker und die Begeisterung ist ihm zur Thorheit geworden.

Wohl, versezte Heinrich, hab ich in ihm oft mit Schmerzen einen stillen Mißmuth bemerkt. Er arbeitet unaufhörlich aus Gewohnheit und nicht aus innrer Lust. Es scheint ihm etwas zu fehlen, was die friedliche Stille seines Lebens, die Bequemlichkeiten seines Auskommens, die Freude sich geehrt und geliebt von seinen Mitbürgern zu sehn und in allen Stadtangelegenheiten zu Rathe gezogen zu werden, ihm nicht ersetzen kann. Seine Bekannten halten ihn für sehr glücklich, aber sie wissen nicht, wie lebenssatt er ist, wie leer ihm oft die Welt vorkommt, wie sehnlich er sich hinwegwünscht, und wie er nicht aus Erwerblust, sondern um diese Stimmung zu verscheuchen, so fleißig arbeitet.

Was mich am Meisten wundert, versezte Sylvester, daß er eure Erziehung ganz in den Händen eurer Mutter gelassen hat und sorgfältig sich gehütet in eure Entwicklung sich zu mischen oder euch zu irgend einem bestimmten Stande anzuhalten. Ihr habt von Glück zu sagen, daß ihr habt aufwachsen dürfen, ohne von euren Eltern die mindeste Beschränkung zu leiden, denn die Meisten Menschen sind nur Überbleibsel eines vollen Gastmahls, das Menschen von verschiednen Appetit und Geschmack geplündert haben.

Ich weis selbst nicht, erwiederte Heinrich, was Erziehung heißt, wenn es nicht das Leben und die Sinnesweise meiner Eltern ist, oder der Unterricht meines Lehrers des Hofkaplans. Mein Vater scheint mir, bey aller seiner kühlen und durchaus festen Denkungsart, die ihn alle Verhältnisse, wie ein Stück Metall und eine künstliche Arbeit ansehn läßt, doch unwillkührlich und ohne es daher selbst zu wissen, eine stille Ehrfurcht und Gottesfurcht vor allen unbegreiflichen und höhern Erscheinungen zu haben, und daher das Aufblühen eines Kindes mit demüthiger Selbstverleugnung zu betrachten. Ein Geist ist hier geschäftig, der frisch aus der unendlichen Quelle kommt und dieses Gefühl der Überlegenheit eines Kindes in den allerhöchsten Dingen[,] der unwiderstehliche Gedanke einer nähern Führung dieses unschuldigen Wesens, das jezt im Begriff steht eine so bedenkliche Laufbahn anzutreten, bey seinen nähern Schritten, das Gepräge einer wunderbaren Welt, was noch keine irrdische Flut unkenntlich gemacht hat, und endlich die Sympathie der SelbstErrinnerung jener fabelhaften Zeiten, wo die Welt uns heller, freundlicher und seltsamer dünkte und der Geist der Weissagung fast sichtbar uns begleitete, alles dies hat meinem Vater gewiß zu der andächtigsten und bescheidensten Behandlung vermocht.

Laß uns hieher auf die Rasenbank unter die Blumen setzen, unterbrach ihn der Alte. Zyane wird uns rufen, wenn unser Abendessen bereit ist, und wenn ich euch bitten darf, so fahrt fort mir von eurem frühern Leben etwas zu erzählen. Wir Alten hören am liebsten von den Kinderjahren reden, und es dünkt mich, als ließt ihr mich den Duft einer Blume einziehn, den ich seit meiner Kindheit nicht wieder eingeathmet hätte. Nur sagt mir noch vorher, wie euch meine Einsiedeley und mein Garten gefällt, denn diese Blumen sind meine Freundinnen. Mein Herz ist in diesen Garten. Ihr seht nichts, was mich nicht liebt, und von mir nicht zärtlich geliebt wird. Ich bin hier mitten unter meinen Kindern und komme mir vor, wie ein alter Baum, aus dessen Wurzeln diese muntre Jugend ausgeschlagen sey.

Glücklicher Vater, sagte Heinrich, euer Garten ist die Welt. Ruinen sind die Mütter dieser blühenden Kinder. Die bunte, lebendige Schöpfung zieht ihre Nahrung aus den Trümmern vergangner Zeiten. Aber mußte die Mutter sterben, daß die Kinder gedeihen können, und bleibt der Vater zu ewigen Thränen allein an ihrem Grabe sitzen?

Sylvester reichte dem schluchzenden Jünglinge die Hand, und stand auf, um ihm ein eben aufgeblühtes Vergißmeinnicht zu holen, das er an einen Zypressenzweig band und ihm brachte. Wunderlich rührte der Abendwind die Wipfel der Kiefern, die jenseits den Ruinen standen. Ihr dumpfes Brausen tönte herüber. Heinrich verbarg sein Gesicht in Thränen an dem Halse des guten Sylvester, und wie er sich wieder erhob, trat eben der Abendstern in voller Glorie über den Wald herüber.

Nach einiger Stille fieng Sylvester an: Ich möcht euch wohl in Eysenach unter euren Gespielen gesehn haben. Eure Eltern, die vortreffliche Landgräfin, die biedern Nachbarn eures Vaters, und der alte Hofkaplan machen eine schöne Gesellschaft aus. Ihre Gespräche müssen frühzeitig auf euch gewürkt haben, besonders da ihr das einzige Kind wart. Auch stell ich mir die Gegend äußerst anmuthig und bedeutsam vor.

Ich lerne, versezte Heinrich, meine Gegend erst recht kennen, seit ich weg bin und viele andre Gegenden gesehn habe. Jede Pflanze, jeder Baum, jeder Hügel und Berg hat seinen besondern Gesichtskreis, seine eigenthümliche Gegend. Sie gehört zu ihm und sein Bau, seine ganze Beschaffenheit wird durch sie erklärt. Nur das Thier und der Mensch können zu allen Gegenden kommen; Alle Gegenden sind die Ihrigen. So machen alle zusammen eine große Weltgegend, einen unendlichen Gesichtskreis aus, dessen Einfluß auf den Menschen und das Thier eben so sichtbar ist, wie der Einfluß der engern Umgebung auf die Pflanze. Daher Menschen, die viel gereist sind, Zugvögel und Raubthiere, unter den Übrigen sich durch besondern Verstand und andre wunderbare Gaben und Arten auszeichnen. Doch giebt es auch gewiß mehr oder weniger Fähigkeit unter ihnen, von diesen Weltkreisen und ihrem mannichfaltigen Inhalt und Ordnung gerührt, und gebildet zu werden. Auch fehlt bey den Menschen wohl manchen die nöthige Aufmercksamkeit und Gelassenheit, um den Wechsel der Gegenstände und ihre Zusammenstellung erst gehörig zu betrachten, und dann darüber nachzudenken und die nöthigen Vergleichungen anzustellen. Oft fühl ich jezt, wie mein Vaterland meine frühsten Gedanken mit unvergänglichen Farben angehaucht hat, und sein Bild eine seltsame Andeutung meines Gemüths geworden ist, die ich immer mehr errathe, je tiefer ich einsehe, daß Schicksal und Gemüth Namen Eines Begriffs sind. Auf mich, sagte Sylvester, hat freylich die lebendige Natur, die regsame Überkleidung der Gegend immer am meisten gewirkt. Ich bin nicht müde geworden, besonders die verschiedene Pflanzennatur auf das sorgfältigste zu betrachten. Die Gewächse sind so die unmittelbarste Sprache des Bodens; Jedes neue Blatt, jede sonderbare Blume ist irgend ein Geheimniß, was sich hervordrängt und das, weil es sich vor Liebe und Lust nicht bewegen und nicht zu Worten kommen kann, eine stumme, ruhige Pflanze wird. Findet man in der Einsamkeit eine solche Blume, ist es da nicht, als wäre alles umher verklärt und hielten sich die kleinen befiederten Töne am liebsten in ihrer Nähe auf. Man möchte für Freuden weinen, und abgesondert von der Welt nur seine Hände und Füße in die Erde stecken, um Wurzeln zu treiben und nie diese glückliche Nachbarschaft zu verlassen. Über die ganze trockne Welt ist dieser grüne, geheimnißvolle Teppich der Liebe gezogen. Mit jedem Frühjahr wird er erneuert und seine seltsame Schrift ist nur dem Geliebten lesbar wie der Blumenstraus des Orients. Ewig wird er lesen und sich nicht satt lesen und täglich neue Bedeutungen, neue entzückendere Offenbarungen der liebenden Natur gewahr werden. Dieser unendliche Genuß ist der geheime Reitz, den die Begehung der Erdfläche für mich hat, indem mir jede Gegend andre Räthsel löst, und mich immer mehr errathen läßt, woher der Weg komme und wohin er gehe.

Ja, sagte Heinrich, wir haben von Kinderjahren angefangen zu reden, und von der Erziehung, weil wir in euren Garten waren und die eigentliche Offenbarung der Kindheit, die unschuldige Blumenwelt, unmercklich in unser Gedächtniß und auf unsre Lippen die Errinnerung der alten Blumenschaft brachte. Mein

Vater ist auch ein großer Freund des Gartenlebens und die glücklichsten Stunden seines Lebens bringt er unter den Blumen zu. Dies hat auch gewiß seinen Sinn für die Kinder so offen erhalten, da Blumen die Ebenbilder der Kinder sind. Den vollen Reichthum des unendlichen Lebens, die gewaltigen Mächte der spätern Zeit, die Herrlichkeit des Weltendes und die goldne Zukunft aller Dinge sehn wir hier noch innig in einander geschlungen, aber doch auf das deutlichste und klarste in zarter Verjüngung. Schon treibt die allmächtige Liebe, aber sie zündet noch nicht. Es ist keine verzehrende Flamme; es ist ein zerrinnender Duft und so innig die Vereinigung der zärtlichen Seelen auch ist, so ist sie doch von keiner Heftigen Bewegung und [k]einer fressenden Wuth begleitet, wie bey den Thieren. So ist die Kindheit in der Tiefe zunächst an der Erde, da hingegen die Wolken vielleicht die Erscheinungen der zweyten, höhern Kindheit, des wiedergefundnen Paradieses sind, und darum so wohlthätig auf die Erstere herunterthauen.

Es ist gewiß etwas sehr geheimnißvolles in den Wolken, sagte Sylvester und eine gewisse Bewölkung hat oft einen ganz wunderbaren Einfluß auf uns. Sie ziehn und wollen uns mit ihrem kühlen Schatten auf und davon nehmen und wenn ihre Bildung lieblich und bunt, wie ein ausgehauchter Wunsch unsers Innern ist, so ist auch ihre Klarheit, das herrliche Licht, was dann auf Erden herrscht, wie die Vorbedeutung einer unbekannten, unsäglichen Herrlichkeit. Aber es giebt auch düstre und ernste und entsezliche Umwölkungen, in denen alle Schrekken der alten Nacht zu drohen scheinen. Nie scheint sich der Himmel wieder aufheitern zu wollen, das heitre Blau ist vertilgt und ein fahles Kupferroth auf schwarzgrauen Grunde weckt Grauen und Angst in jeder Brust. Wenn dann die verderblichen Strahlen herunterzucken und mit höhnischen Gelächter die schmetternden Donnerschläge hinterdrein fallen, so werden wir bis ins Innerste beängstigt, und wenn in uns dann nicht das erhabne Gefühl unsrer sittlichen Obermacht entsteht, so glauben wir den Schrecknissen der Hölle, der Gewalt böser Geister überliefert zu seyn.

Es sind Nachhalle der alten unmenschlichen Natur, aber auch

weckende Stimmen der höhern Natur, des himmlischen Gewissens in uns. Das Sterbliche dröhnt in seinen Grundvesten, aber das Unsterbliche fängt heller zu leuchten an und erkennt sich selbst.

Wann wird es doch, sagte Heinrich, gar keiner Schrecken, keiner Schmerzen, keiner Noth und keines Übels mehr im Weltall bedürfen?

Wenn es nur Eine Kraft giebt – die Kraft des Gewissens – Wenn die Natur züchtig und sittlich geworden ist. Es giebt nur Eine Ursache des Übels – die allgemeine *Schwäche*, und diese Schwäche ist nichts, als geringe sittliche Empfänglichkeit, und Mangel an Reitz der Freyheit.

Macht mir doch die Natur des Gewissens begreiflich.

Wenn ich das könnte, so wär ich Gott, denn indem man das Gewissen begreift, entsteht es. Könnt ihr mir das Wesen der Dichtkunst begreiflich machen?

Etwas Persönliches läßt sich nicht bestimmt abfragen.

Wie viel weniger also das Geheimniß der höchsten Untheilbarkeit. Läßt sich Musik dem Tauben erklären?

Also wäre der Sinn ein Antheil an der neuen durch ihn eröffneten Welt selbst? Man verstünde die Sache nur, wenn man sie hätte?

Das Weltall zerfällt in unendliche, immer von größern Welten wieder befaßte Welten. Alle Sinne sind am Ende Ein Sinn. Ein Sinn führt wie Eine Welt allmälich zu allen Welten. Aber alles hat seine Zeit, und seine Weise. Nur die Person des Weltalls vermag das Verhältniß unsrer Welt einzusehn. Es ist schwer zu sagen, ob wir innerhalb der sinnlichen Schranken unsers Körpers wirklich unsre Welt mit neuen Welten, unsre Sinne mit neuen Sinnen vermehren können, oder ob jeder Zuwachs unsrer Erkenntniß, jede neu erworbene Fähigkeit nur zur Ausbildung unsers gegenwärtigen Weltsinns zu rechnen ist.

Vielleicht ist beydes Eins, sagte Heinrich. Ich weiß nur so viel, daß für mich die Fabel Gesamtwerckzeug meiner gegenwärtigen Welt ist. Selbst das Gewissen, diese Sinn und Weltenerzeugende Macht, dieser Keim aller Persönlichkeit, erscheint mir, wie der Geist des Weltgedichts, wie der Zufall der ewigen romantischen Zusammenkunft, des unendlich veränderlichen Gesamtlebens.

Werther Pilger, versezte Sylvester, das Gewissen erscheint in jeder ernsten Vollendung, in jeder gebildeten Wahrheit. Jede durch Nachdenken zu einem Weltbild umgearbeitete Neigung und Fertigkeit wird zu einer Erscheinung, zu einer Verwandlung des Gewissens. Alle Bildung führt zu dem, was man nicht anders, wie Freyheit nennen kann, ohnerachtet damit nicht ein bloßer Begrif, sondern der schaffende Grund alles Daseyns bezeichnet werden soll. Diese Freyheit ist Meisterschaft. Der Meister übt freye Gewalt nach Absicht und in bestimmter und überdachter Folge aus. Die Gegenstände seiner Kunst sind sein, und stehn in seinem Belieben und er wird von ihnen nicht gefesselt oder gehemmt. Und gerade diese allumfassende Freyheit, Meisterschaft oder Herrschaft ist das Wesen, der Trieb des Gewissens. In ihm offenbart sich die heilige Eigenthümlichkeit, das unmittelbare Schaffen der Persönlichkeit, und jede Handlung des Meisters ist zugleich Kundwerdung der hohen, einfachen, unverwickelten Welt – Gottes Wort.

Also ist auch das was ehemals, wie mich däucht, Tugendlehre genannt wurde, nur die Religion, als Wissenschaft, die sogenannte Theologie im eigentlichsten Sinn? Nur eine Gesetzordnung, die sich zur Gottesverehrung verhält, wie die Natur zu Gott? Ein Wortbau, eine Gedankenfolge, die die Oberwelt bezeichnet, vorstellt und sie auf einer gewissen Stufe der Bildung vertritt? Die Religion für das Vermögen der Einsicht und des Urtheils?, der Richtspruch das Gesetz der Auflösung und Bestimmung aller möglichen Verhältnisse eines persönlichen Wesens?

Allerdings ist das Gewissen, sagte Sylvester, der eingeborne Mittler jedes Menschen. Es vertritt die Stelle Gottes auf Erden, und ist daher so Vielen das höchste und lezte. Aber wie entfernt war die bisherige Wissenschaft, die man Tugend oder Sittenlehre nannte, von der reinen Gestalt dieses erhabenen, weitumfassenden persönlichen Gedankens. Das Gewissen ist der Menschen eigenstes Wesen in voller Verklärung, der himmlische Urmensch. Es ist nicht dies und jenes, es gebietet nicht in allgemeinen Sprüchen, es besteht nicht aus einzelnen Tugenden. Es giebt nur Eine Tugend – den reinen, ernsten Willen, der im Augenblick der Entscheidung unmittelbar sich entschließt und wählt. In lebendiger, eigenthümlicher Untheilbarkeit bewohnt es und beseelt es das zärtliche Sinnbild des menschlichen Körpers, und vermag alle geistigen Gliedmaaßen in die wahrhafteste Thätigkeit zu versetzen.

O! trefflicher Vater, unterbrach ihn Heinrich, mit welcher Freude erfüllt mich das Licht, was aus euren Worten ausgeht. Also ist der wahre Geist der Fabel eine freundliche Verkleidung des Geistes der Tugend, und der eigentliche Zweck der untergeordneten Dichtkunst, die Regsamkeit des höchsten, eigenthümlichsten Daseyns. Eine überraschende Selbstheit ist zwischen einem wahrhaften Liede und einer edeln Handlung. Das müßige Gewissen in einer glatten nicht widerstehenden Welt wird zum fesselnden Gespräch[,] zur alleserzählenden Fabel. In den Fluren und Hallen dieser Urwelt lebt der Dichter, und die Tugend ist der Geist seiner irrdischen Bewegungen und Einflüsse. Sowie diese die unmittelbar wirkende Gottheit unter den Menschen und das wunderbare Widerlicht der höhern Welt ist, so ist es auch die Fabel. Wie sicher kann nun der Dichter den Eingebungen seiner Begeisterung oder wenn auch er einen höhern überirrdischen Sinn hat, höherer Wesen folgen und sich seinem Berufe mit kindlicher Demuth überlassen. Auch in ihm redet die höhere Stimme des Weltalls und ruft mit bezaubernden Sprüchen in erfreulichere, bekanntere Welten. Wie sich die Religion zur Tugend verhält, so die Begeisterung zur Fabellehre, und wenn in heiligen Schriften die Geschichten der Offenbarung aufbehalten sind, so bildet in den Fabellehren das Leben einer höhern Welt sich in wunderbarentstandnen Dichtungen auf mannichfache Weise ab. Fabel und Geschichte begleiten sich in den innigsten Beziehungen auf den verschlungensten Pfaden und in den seltsamsten Verkleidungen, und die Bibel und die Fabellehre sind SternBilder Eines Umlaufs.

Ihr redet völlig wahr, sagte Sylvester, und nun wird es euch wohl begreiflich seyn, daß die ganze Natur nur durch den Geist der Tugend besteht und immer beständiger werden soll. Er ist das allzündende, allbelebende Licht innerhalb der irrdischen

Umfassung. Vom Sternhimmel, diesem erhabenen Dom des Steinreichs, bis zu dem krausen Teppich einer bunten Wiese wird alles durch ihn erhalten, durch ihn mit uns verknüpft, und uns verständlich gemacht, und durch ihn die unbekannte Bahn der unendlichen Naturgeschichte bis zur Verklärung fortgeleitet.

Ja und ihr habt vorher so schön für mich die Tugend an die Religion angeschlossen. Alles was die Erfahrung und die irrdische Wircksamkeit begreift macht den Bezirk des Gewissens aus, welches diese Welt mit höhern Welten verbindet. Bey höhern Sinnen entsteht Religion und was vorher unbegreifliche Nothwendigkeit unserer innersten Natur schien, ein Allgesetz ohne bestimmten Inhalt, wird nun zu einer wunderbaren, einheimischen unendlich mannichfaltigen und durchaus befriedigenden Welt, zu einer unbegreiflich innigen Gemeinschaft aller Seligen in Gott, und zur vernehmlichen, vergötternden Gegenwart des allerpersönlichsten Wesens, oder seines Willens, seiner Liebe in unserm tiefsten Selbst.

Die Unschuld eures Herzens macht euch zum Profeten, erwiederte Sylvester. Euch wird alles verständlich werden, und die Welt und ihre Geschichte verwandelt sich euch in die heilige Schrift, sowie ihr an der heiligen Schrift das große Beyspiel habt, wie in einfachen Worten und Geschichten das Weltall offenbart werden kann; wenn auch nicht gerade zu, doch mittelbar durch Anregung und Erweckung höherer Sinne.

Mich hat die Beschäftigung mit der Natur dahin geführt, wohin euch die Lust und Begeisterung der Sprache gebracht hat. Kunst und Geschichte hat mich die Natur kennen gelehrt. Meine Eltern wohnten in Sizilien unweit dem weltberühmten Berge Aetna. Ein bequemes Haus von vormaliger Bauart, welches verdeckt von uralten Kastanienbäumen dicht an den felsigen Ufern des Meers, die Zierde eines mit mannichfaltigen Gewächsen besezten Gartens ausmachte, war ihre Wohnung. In der Nähe lagen viele Hütten, in denen sich Fischer[,] Hirten, und Winzer aufhielten. Unsre Kammern und Keller waren mit allem, was das Leben erhält und erhöht, reichlich versehn und unser Hausgeräthe ward durch wohlerdachte Arbeit auch den verborgenen Sinnen angenehm. Es fehlte auch sonst nicht an mannichfaltigen

Gegenständen, deren Betrachtung und Gebrauch das Gemüth über das gewöhnliche Leben und seine Bedürfnisse erhoben und es zu einem angemessenern Zustande vorzubereiten, ihm den lautern Genuß seiner vollen eigenthümlichen Natur zu versprechen und zu gewähren schienen. Man sah steinerne Menschen Bilder, mit Geschichten bemahlte Gefäße, kleinere Steine mit den deutlichsten Figuren, und andre Geräthschaften mehr, die aus andern und erfreulicheren Zeiten zurückgeblieben seyn mochten. Auch lagen in Fächern übereinander viele Pergamentrollen, auf denen in langen Reihen Buchstaben die Kenntnisse und Gesinnungen, die Geschichten und Gedichte jener Vergangenheit in anmuthigen und künstlichen Ausdrücken bewahrt standen. Der Ruf meines Vaters, den er sich als ein geschickter Sterndeuter zuwege brachte, zog ihm zahlreiche Anfragen, und Besuche, selbst aus entlegenern Ländern, zu, und da das Vorwissen der Zukunft den Menschen eine sehr seltne und köstliche Gabe dünkt, so glaubten sie ihre Mittheilungen gut belohnen zu müssen, so daß mein Vater durch die erhaltnen Geschenke in den Stand gesezt wurde, die Kosten seiner bequemen und genußreichen Lebensart hinreichend bestreiten zu können.

DIE LEHRLINGE ZU SAÏS

1.

Der Lehrling

Mannichfache Wege gehen die Menschen. Wer sie verfolgt und vergleicht, wird wunderliche Figuren entstehen sehn; Figuren, die zu jener großen Chiffernschrift zu gehören scheinen, die man überall, auf Flügeln, Eierschalen, in Wolken, im Schnee, in Krystallen und in Steinbildungen, auf gefrierenden Wassern, im Innern und Äußern der Gebirge, der Pflanzen, der Thiere, der Menschen, in den Lichtern des Himmels, auf berührten und gestrichenen Scheiben von Pech und Glas, in den Feilspänen um den Magnet her, und sonderbaren Conjuncturen des Zufalls, erblickt. In ihnen ahndet man den Schlüssel dieser Wunderschrift, die Sprachlehre derselben; allein die Ahndung will sich selbst in keine feste Formen fügen, und scheint kein höherer Schlüssel werden zu wollen. Ein Alcahest scheint über die Sinne der Menschen ausgegossen zu seyn. Nur augenblicklich scheinen ihre Wünsche, ihre Gedanken sich zu verdichten. So entstehen ihre Ahndungen, aber nach kurzen Zeiten schwimmt alles wieder, wie vorher, vor ihren Blicken.

Von weitem hört' ich sagen: die Unverständlichkeit sey Folge nur des Unverstandes; dieser suche, was er habe, und also niemals weiter finden könnte. Man verstehe die Sprache nicht, weil sich die Sprache selber nicht verstehe, nicht verstehen wolle; die ächte Sanscrit spräche, um zu sprechen, weil Sprechen ihre Lust und ihr Wesen sey.

Nicht lange darauf sprach einer: Keiner Erklärung bedarf die heilige Schrift. Wer wahrhaft spricht, ist des ewigen Lebens voll, und wunderbar verwandt mit ächten Geheimnissen dünkt uns seine Schrift, denn sie ist ein Accord aus des Weltalls Symphonie.

Von unserm Lehrer sprach gewiß die Stimme, denn er versteht die Züge zu versammeln, die überall zerstreut sind. Ein eignes Licht entzündet sich in seinen Blicken, wenn vor uns nun die hohe Rune liegt, und er in unsern Augen späht, ob auch in uns aufgegangen ist das Gestirn, das die Figur sichtbar und verständlich macht. Sieht er uns traurig, daß die Nacht nicht weicht, so tröstet er uns, und verheißt dem ämsigen, treuen Seher künftiges Glück. Oft hat er uns erzählt, wie ihm als Kind der Trieb die Sinne zu üben, zu beschäftigen und zu erfüllen, keine Ruhe ließ. Den Sternen sah er zu und ahmte ihre Züge, ihre Stellungen im Sande nach. In's Luftmeer sah er ohne Rast, und ward nicht müde seine Klarheit, seine Bewegungen, seine Wolken, seine Lichter zu betrachten. Er sammelte sich Steine, Blumen, Käfer aller Art, und legte sie auf mannichfache Weise sich in Reihen. Auf Menschen und auf Thiere gab er Acht, am Strand des Meeres saß er, suchte Muscheln. Auf sein Gemüth und seine Gedanken lauschte er sorgsam. Er wußte nicht, wohin ihn seine Sehnsucht trieb. Wie er größer ward, strich er umher, besah sich andre Länder, andre Meere, neue Lüfte, fremde Sterne, unbekannte Pflanzen, Thiere, Menschen, stieg in Höhlen, sah wie in Bänken und in bunten Schichten der Erde Bau vollführt war, und drückte Thon in sonderbare Felsenbilder. Nun fand er überall Bekanntes wieder, nur wunderlich gemischt, gepaart, und also ordneten sich selbst in ihm oft seltsame Dinge. Er merkte bald auf die Verbindungen in allem, auf Begegnungen, Zusammentreffungen. Nun sah er bald nichts mehr allein. – In große bunte Bilder drängten sich die Wahrnehmungen seiner Sinne: er hörte, sah, tastete und dachte zugleich. Er freute sich, Fremdlinge zusammen zu bringen. Bald waren ihm die Sterne Menschen, bald die Menschen Sterne, die Steine Thiere, die Wolken Pflanzen, er spielte mit den Kräften und Erscheinungen, er wußte wo und wie er dies und jenes finden, und erscheinen lassen konnte, und griff so selbst in den Saiten nach Tönen und Gängen umher.

Was nun seitdem aus ihm geworden ist, thut er nicht kund. Er sagt uns, daß wir selbst, von ihm und eigner Lust geführt, entdecken würden, was mit ihm vorgegangen sey. Mehrere von uns sind von ihm gewichen. Sie kehrten zu ihren Eltern zurück und lernten ein Gewerbe treiben. Einige sind von ihm ausgesendet worden, wir wissen nicht wohin; er suchte sie aus. Von ihnen waren einige nur kurze Zeit erst da, die Andern länger. Eins war ein Kind noch, es war kaum da, so wollte er ihm den Unterricht übergeben. Es hatte große dunkle Augen mit himmelblauem Grunde, wie Lilien glänzte seine Haut, und seine Locken wie lichte Wölkchen, wenn der Abend kommt. Die Stimme drang uns allen durch das Herz, wir hätten gern ihm unsere Blumen, Steine, Federn alles gern geschenkt. Es lächelte unendlich ernst, und uns ward seltsam wohl mit ihm zu Muthe. Einst wird es wiederkommen, sagte der Lehrer, und unter uns wohnen, dann hören die Lehrstunden auf. – Einen schickte er mit ihm fort, der hat uns oft gedauert. Immer traurig sah er aus, lange Jahre war er hier, ihm glückte nichts, er fand nicht leicht, wenn wir Krystalle suchten oder Blumen. In die Ferne sah er schlecht, bunte Reihen gut zu legen wußte er nicht. Er zerbrach alles so leicht. Doch hatte keiner einen solchen Trieb und solche Lust am Sehn und Hören. Seit einer Zeit, – vorher eh jenes Kind in unsern Kreis trat, – ward er auf einmal heiter und geschickt. Eines Tages war er traurig ausgegangen, er kam nicht wieder, und die Nacht brach ein. Wir waren seinetwegen sehr in Sorgen; auf einmal, wie des Morgens Dämmerung kam, hörten wir in einem nahen Haine seine Stimme. Er sang ein hohes, frohes Lied; wir wunderten uns alle; der Lehrer sah mit einem Blick nach Morgen, wie ich ihn wohl nie wieder sehen werde. In unsre Mitte trat er bald, und brachte, mit unaussprechlicher Seligkeit im Antlitz, ein unscheinbares Steinchen von seltsamer Gestalt. Der Lehrer nahm es in die Hand, und küßte ihn lange, dann sah er uns mit nassen Augen an und legte dieses Steinchen auf einen leeren Platz, der mitten unter andern Steinen lag, gerade wo wie Strahlen viele Reihen sich berührten.

Ich werde dieser Augenblicke nie fortan vergessen. Uns war, als hätten wir im Vorübergehn eine helle Ahndung dieser wunderbaren Welt in unsern Seelen gehabt.

Auch ich bin ungeschickter als die Andern, und minder gern scheinen sich die Schätze der Natur von mir finden zu lassen. Doch ist der Lehrer mir gewogen, und läßt mich in Gedanken sitzen, wenn die Andern suchen gehn. So wie dem Lehrer ist mir nie gewesen. Mich führt alles in mich selbst zurück. Was einmal die zweite Stimme sagte, habe ich wohl verstanden. Mich freuen die wunderlichen Haufen und Figuren in den Sälen, allein mir ist, als wären sie nur Bilder, Hüllen, Zierden, versammelt um ein göttlich Wunderbild, und dieses liegt mir immer in Gedanken. Sie such' ich nicht, in ihnen such' ich oft. Es ist, als sollten sie den Weg mir zeigen, wo in tiefem Schlaf die Jungfrau steht, nach der mein Geist sich sehnt. Mir hat der Lehrer nie davon gesagt, auch ich kann ihm nichts anvertrauen, ein unverbrüchliches Geheimniß dünkt es mir. Gern hätt ich jenes Kind gefragt, in seinen Zügen fand ich Verwandtschaft; auch schien in seiner Nähe mir alles heller innerlich zu werden. Wäre es länger geblieben, sicherlich hätte ich mehr in mir erfahren. Auch wäre mir am Ende vielleicht der Busen offen, die Zunge frey geworden. Gern wär' ich auch mit ihm gegangen. Es kam nicht so. Wie lang' ich hier noch bleibe, weiß ich nicht. Mir scheint es, als blieb' ich immer hier. Kaum wag' ich es mir selber zu gestehen, allein zu innig dringt sich mir der Glauben auf: einst find' ich hier, was mich beständig rührt; sie ist zugegen. Wenn ich mit diesem Glauben hier umher gehe, so tritt mir alles in ein höher Bild, in eine neue Ordnung mir zusammen, und alle sind nach Einer Gegend hin gerichtet. Mir wird dann jedes so bekannt, so lieb; und was mir seltsam noch erschien und fremd, wird nun auf einmal wie ein Hausgeräth.

Gerade diese Fremdheit ist mir fremd, und darum hat mich immer diese Sammlung zugleich entfernt und angezogen. Den Lehrer kann und mag ich nicht begreifen. Er ist mir just so unbegreiflich lieb. Ich weiß es, er versteht mich, er hat nie gegen mein Gefühl und meinen Wunsch gesprochen. Vielmehr will er, daß wir den eignen Weg verfolgen, weil jeder neue Weg durch neue Länder geht, und jeder endlich zu diesen Wohnungen, zu dieser heiligen Heimath wieder führet. Auch ich will also meine Figur beschreiben, und wenn kein Sterblicher, nach jener Inschrift dort, den Schleier hebt, so müssen wir Unsterbliche zu werden suchen; wer ihn nicht heben will, ist kein ächter Lehrling zu Sais.

2.

Die Natur

Es mag lange gedauert haben, ehe die Menschen darauf dachten, die mannichfachen Gegenstände ihrer Sinne mit einem gemeinschaftlichen Namen zu bezeichnen und sich entgegen zu setzen. Durch Uebung werden Entwickelungen befördert, und in allen Entwickelungen gehen Theilungen, Zergliederungen vor, die man bequem mit den Brechungen des Lichtstrahls vergleichen kann. So hat sich auch nur allmählich unser Innres in so mannichfaltige Kräfte zerspaltet, und mit fortdauernder Uebung wird auch diese Zerspaltung zunehmen. Vielleicht ist es nur krankhafte Anlage der späteren Menschen, wenn sie das Vermögen verlieren, diese zerstreuten Farben ihres Geistes wieder zu mischen und nach Belieben den alten einfachen Naturstand herzustellen, oder neue, mannigfaltige Verbindungen unter ihnen zu bewirken. Je vereinigter sie sind, desto vereinigter, desto vollständiger und persönlicher fließt jeder Naturkörper, jede Erscheinung in sie ein: denn der Natur des Sinnes entspricht die Natur des Eindrucks, und daher mußte jenen früheren Menschen alles menschlich, bekannt und gesellig vorkommen, die frischeste Eigenthümlichkeit mußte in ihren Ansichten sichtbar werden, jede ihrer Äußerungen war ein wahrer Naturzug, und ihre Vorstellungen mußten mit der sie umgebenden Welt übereinstimmen, und einen treuen Ausdruck derselben darstellen. Wir können daher die Gedanken unsrer Altväter von den Dingen in der Welt als ein nothwendiges Erzeugniß, als eine Selbstabbildung des damaligen Zustandes der irdischen Natur betrachten, und besonders an ihnen, als den schicklichsten Werkzeugen der Beobachtung des Weltalls, das Hauptverhältniß desselben, das damalige Verhältniß zu seinen *Bewohnern*, und seiner Bewohner zu ihm, bestimmt abnehmen. Wir finden, daß gerade die erhabensten Fragen zuerst ihre Aufmerksamkeit beschäftigten, und daß sie den Schlüssel dieses wundervollen Gebäudes bald in einer Hauptmasse der wirklichen Dinge, bald in dem erdichteten Gegenstande eines unbekannten Sinns aufsuchten. Bemerklich ist hier die gemeinschaftliche Ahndung desselben im Flüssigen, im Dünnen, Gestaltlosen. Es mochte wohl die Trägheit und Unbehülflichkeit der festen Körper den Glauben an ihre Abhängigkeit und Niedrigkeit nicht ohne Bedeutung veranlassen. Früh genug stieß jedoch ein grübelnder Kopf auf die Schwierigkeit der Gestalten-Erklärung aus jenen gestaltlosen Kräften und Meeren. Er versuchte den Knoten durch eine Art von Vereinigung zu lösen, indem er die ersten Anfänge zu festen, gestalteten Körperchen machte, die er jedoch über allen Begriff klein annahm, und nun aus diesem Staubmeere, aber freilich nicht ohne Beihülfe mitwirkender Gedankenwesen, anziehender und abstoßender Kräfte, den ungeheuern Bau vollführen zu können meynte. Noch früher findet man statt wissenschaftlicher Erklärungen, Mährchen und Gedichte voll merkwürdiger bildlicher Züge, Menschen, Götter und Thiere als gemeinschaftliche Werkmeister, und hört auf die natürlichste Art die Entstehung der Welt beschreiben. Man erfährt wenigstens die Gewißheit eines zufälligen, *werkzeuglichen* Ursprungs derselben, und auch für den Verächter der regellosen Erzeugnisse der Einbildungskraft ist diese Vorstellung bedeutend genug. Die Geschichte der Welt als Menschengeschichte zu behandeln, überall nur menschliche Begebenheiten und Verhältnisse zu finden, ist eine fortwandernde, in den verschiedensten Zeiten wieder mit neuer Bildung hervortretende Idee geworden, und scheint an wunderbarer Wirkung, und leichter Ueberzeugung beständig den Vorrang gehabt zu haben. Auch scheint die Zufälligkeit der Natur sich wie von selbst an die Idee menschlicher Persönlichkeit anzuschließen, und letztere am willigsten, als menschliches Wesen verständlich zu werden. Daher ist auch wohl die Dichtkunst das liebste Werkzeug der eigentlichen Naturfreunde gewesen, und am hellsten ist in Gedichten der Naturgeist erschienen. Wenn man ächte Gedichte liest und hört, so fühlt man einen innern Verstand der Natur sich bewegen, und schwebt, wie der himmlische Leib derselben, in ihr und über ihr zugleich. Naturforscher und Dichter haben durch Eine Sprache sich immer wie Ein Volk gezeigt. Was jene im Ganzen sammelten und in großen, geordneten Massen aufstellten, haben diese für menschliche Herzen zur täglichen Nahrung und Nothdurft verarbeitet, und jene unermeßliche Natur zu mannichfaltigen, kleinen, gefälligen Naturen zersplittert und gebildet. Wenn diese mehr das Flüssige und Flüchtige mit leichtem Sinn verfolgten, suchten jene mit scharfen Messerschnitten den innern Bau und die Verhältnisse der Glieder zu erforschen. Unter ihren Händen starb die freundliche Natur, und ließ nur todte, zuckende Reste zurück, dagegen sie vom Dichter, wie durch geistvollen Wein, noch mehr beseelt, die göttlichsten und muntersten Einfälle hören ließ, und über ihr Alltagsleben erhoben, zum Himmel stieg, tanzte und weißagte, jeden Gast willkommen hieß, und ihre Schätze frohen Muths verschwendete. So genoß sie himmlische Stunden mit dem Dichter, und lud den Naturforscher nur dann ein, wenn sie krank und gewissenhaft war. Dann gab sie ihm Bescheid auf jede Frage, und ehrte gern den ernsten, strengen Mann. Wer also ihr Gemüth recht kennen will, muß sie in der Gesellschaft der Dichter suchen, dort ist sie offen und ergießt ihr wundersames Herz. Wer sie aber nicht aus Herzensgrunde liebt, und dies und jenes nur an ihr bewundert, und zu erfahren strebt, muß ihre Krankenstube, ihr Beinhaus fleißig besuchen.

Man steht mit der Natur gerade in so unbegreiflich verschiedenen Verhältnissen, wie mit den Menschen; und wie sie sich dem Kinde kindisch zeigt, und sich gefällig seinem kindlichen Herzen anschmiegt, so zeigt sie sich dem Gotte göttlich, und stimmt zu dessen hohem Geiste. Man kann nicht sagen, daß es eine Natur gebe, ohne etwas überschwengliches zu sagen, und alles Bestreben nach Wahrheit in den Reden und Gesprächen von der Natur entfernt nur immer mehr von der Natürlichkeit. Es ist schon viel gewonnen, wenn das Streben, die Natur vollständig zu begreifen, zur Sehnsucht sich veredelt, zur zarten, bescheidnen Sehnsucht, die sich das fremde, kalte Wesen gern gefallen läßt, wenn sie nur einst auf vertrauteren Umgang rechnen kann. Es ist ein geheimnißvoller Zug nach allen Seiten in unserm Innern, aus einem unendlich tiefen Mittelpunkt sich rings verbreitend. Liegt nun die wundersame sinnliche und unsinnliche Natur rund um uns her, so glauben wir es sey jener Zug ein Anziehn der Natur, eine Äußerung unsrer Sympathie mit ihr: nur sucht der eine hinter diesen blauen, fernen Gestalten noch eine Heimath, die sie ihm verhüllen, eine Geliebte seiner Jugend, Eltern und Geschwister, alte Freunde, liebe Vergangenheiten; der Andre meynt, da jenseits warteten unbekannte Herrlichkeiten seiner, eine lebensvolle Zukunft glaubt er dahinter versteckt, und streckt verlangend seine Hände einer neuen Welt entgegen. Wenige bleiben bei dieser herrlichen Umgebung ruhig stehen, und suchen sie nur selbst in ihrer Fülle und ihrer Verkettung zu erfassen, vergessen über der Vereinzelung den blitzenden Faden nicht, der reihenweise die Glieder knüpft und den heiligen Kronleuchter bildet, und finden sich beseligt in der Beschauung dieses lebendigen, über nächtlichen Tiefen schwebenden Schmucks. So entstehn mannichfache Naturbetrachtungen, und wenn an einem Ende die Naturempfindung ein lustiger Einfall, eine Mahlzeit wird, so sieht man sie dort zur andächtigsten Religion verwandelt, einem ganzen Leben Richtung, Haltung und Bedeutung geben. Schon unter den kindlichen Völkern gabs solche ernste Gemüther, denen die Natur das Antlitz einer Gottheit war, indessen andre fröhliche Herzen sich nur auf sie zu Tische baten; die Luft war ihnen ein erquickender Trank, die Gestirne Lichter zum nächtlichen Tanz, und Pflanzen und Thiere nur köstliche Speisen, und so kam ihnen die Natur nicht wie ein stiller, wundervoller Tempel, sondern wie eine lustige Küche und Speisekammer vor. Dazwischen waren andre sinnigere Seelen, die in der gegenwärtigen Natur nur große, aber verwilderte Anlagen bemerkten, und Tag und Nacht beschäftiget waren, Vorbilder einer edleren Natur zu schaffen. – Sie theilten sich gesellig in das große Werk, die einen suchten die verstummten und verlohrnen Töne in Luft und Wäldern zu erwecken, andre legten ihre Ahndungen und Bilder schönerer Geschlechter in Erz und Steine nieder, bauten schönere Felsen zu Wohnungen wieder, brachten die verborgenen Schätze aus den Grüften der Erde wieder ans Licht; zähmten die ausgelassenen Ströme, bevölkerten das unwirthliche Meer, führten in öde Zonen alte, herrliche Pflanzen und Thiere zurück, hemmten die Waldüberschwemmungen, und pflegten die edleren Blumen und Kräuter, öffneten die Erde den belebenden Berührungen der zeugenden Luft und des zündenden Lichts, lehrten die Farben zu reitzenden Bildungen sich mischen und ordnen, und Wald und Wiese, Quellen und Felsen wieder zu lieblichen Gärten zusammen zu treten, hauchten in die lebendigen Glieder Töne, um sie zu entfalten, und in heitern Schwingungen zu bewegen, nahmen sich der armen, verlaßnen, für Menschensitte empfänglichen Thiere an, und säuberten die Wälder von den schädlichen Ungeheuern, diesen Mißgeburten einer entarteten Fantasie. Bald lernte die Natur wieder freundlichere Sitten, sie ward sanfter und erquicklicher, und ließ sich willig zur Beförderung der menschlichen Wünsche finden. Allmählich fing ihr Herz wieder an menschlich sich zu regen, ihre Fantasieen wurden heitrer, sie ward wieder umgänglich, und antwortete dem freundlichen Frager gern, und so scheint allmählich die alte goldne Zeit zurückzukommen, in der sie den Menschen Freundin, Trösterin, Priesterin und Wunderthäterin war, als sie unter ihnen wohnte und ein himmlischer Umgang die Menschen zu Unsterblichen machte. Dann werden die Gestirne die Erde wieder besuchen, der sie gram geworden waren in jenen Zeiten der Verfinsterung; dann legt die Sonne ihren strengen Zepter nieder, und wird wieder Stern unter Sternen, und alle Geschlechter der Welt kommen dann nach langer Trennung wieder zusammen. Dann finden sich die alten verwaisten Familien, und jeder Tag sieht neue Begrüßungen, neue Umarmungen; dann kommen die ehemaligen Bewohner der Erde zu ihr zurück, in jedem Hügel regt sich neu erglimmende Asche, überall lodern Flammen des Lebens empor, alte Wohnstätten werden neu erbaut, alte Zeiten erneuert, und die Geschichte wird zum Traum einer unendlichen, unabsehlichen Gegenwart.

Wer dieses Stammes und dieses Glaubens ist, und gern auch das seinige zu dieser Entwilderung der Natur beytragen will, geht in den Werkstätten der Künstler umher, belauscht überall die unvermuthet in allen Ständen hervorbrechende Dichtkunst, wird nimmer müde die Natur zu betrachten und mit ihr umzugehen, geht überall ihren Fingerzeigen nach, verschmäht keinen mühseligen Gang, wenn sie ihm winkt, und sollte er auch durch Modergrüfte gehen: er findet sicher unsägliche Schätze, das Grubenlichtchen steht am Ende still, und wer weiß, in welche himmlische Geheimnisse ihn dann eine reitzende Bewohnerinn des unterirdischen Reichs einweiht. Keiner irrt gewiß weiter ab vom Ziele, als wer sich selbst einbildet, er kenne schon das seltsame Reich, und wisse mit wenig Worten seine Verfassung zu ergründen und überall den rechten Weg zu finden. Von selbst geht keinem, der los sich riß und sich zur Insel machte, das Verständniß auf, auch ohne Mühe nicht. Nur Kindern, oder kindlichen Menschen, die nicht wissen, was sie thun, kann dies begegnen. Langer, unablässiger Umgang, freie und künstliche Betrachtung, Aufmerksamkeit auf leise Winke und Züge, ein inneres Dichterleben, geübte Sinne, ein einfaches und gottesfürchtiges Gemüth, das sind die wesentlichen Erfordernisse eines ächten Naturfreundes, ohne welche keinem sein Wunsch gedeihen wird. Nicht weise scheint es, eine Menschenwelt ohne volle aufgeblühte Menschheit begreifen und verstehn zu wollen. Kein Sinn muß schlummern, und wenn auch nicht alle gleich wach sind, so müssen sie doch alle angeregt und nicht unterdrückt und erschlafft seyn. So wie man einen künftigen Mahler in dem Knaben sieht, der alle Wände und jeden ebenen Sand mit Zeichnungen füllt, und Farben zu Figuren bunt verknüpft, so sieht man einen künftigen Weltweisen in jenem, der allen natürlichen Dingen ohne Rast nachspürt, nachfrägt, auf alles achtet, jedes merkwürdige zusammenträgt und froh ist, wenn er einer neuen Erscheinung, einer neuen Kraft und Kenntniß Meister und Besitzer geworden ist.

Nun dünkt es Einigen, es sey der Mühe gar nicht werth, den endlosen Zerspaltungen der Natur nachzugehn, und überdem ein gefährliches Unternehmen, ohne Frucht und Ausgang. So wie man nie das kleinst Korn der festen Körper, nie die einfachste Faser finden werde, weil alle Größe vor und rückwärts sich ins Unendliche verliert, so sey es auch mit den Arten der Körper und Kräfte; auch hier gerathe man auf neue Arten, neue Zusammensetzungen, neue Erscheinungen bis ins Unendliche. Sie schienen dann nur still zu stehn, wenn unser Fleiß ermatte, und so verschwende man die edle Zeit mit müßigen Betrachtungen und langweiligem Zählen, und werde dies zuletzt ein wahrer Wahnsinn, ein fester Schwindel an der entsetzlichen Tiefe. Auch bleibe die Natur, so weit man käme, immer eine furchtbare Mühle des

Todes: überall ungeheurer Umschwung, unauflösliche Wirbelkette, ein Reich der Gefräßigkeit, des tollsten Übermuths, eine unglücksschwangere Unermeßlichkeit; die wenigen lichten Punkte beleuchtet nur eine desto grausendere Nacht, und Schrecken aller Art müßten jeden Beobachter zur Gefühllosigkeit ängstigen. Wie ein Heiland stehe dem armen Menschengeschlechte der Tod zur Seite, denn ohne Tod wäre der Wahnsinnigste am glücklichsten. Gerade jenes Streben nach Ergründung dieses riesenmäßigen Triebwerks sey schon ein Zug in die Tiefe, ein beginnender Schwindel: denn jeder Reitz scheine ein wachsender Wirbel, der bald sich des Unglücklichen ganz bemächtige, und ihn dann durch eine schreckenvolle Nacht mit sich fortreiße. Hier sey die listige Fallgrube des menschlichen Verstandes, den die Natur überall als ihren größten Feind zu vernichten suche. Heil der kindlichen Unwissenheit und Schuldlosigkeit der Menschen, welche sie die entsetzlichen Gefahren nicht gewahr werden ließe, die überall wie furchtbare Wetterwolken um ihre friedlichen Wohnsitze herlägen, und jeden Augenblick über sie hereinzubrechen bereit wären. Nur innre Uneinigkeit der Naturkräfte habe die Menschen bis jetzo erhalten, indeß könne jener große Zeitpunkt nicht ausbleiben, wo sich die sämmtlichen Menschen durch einen großen gemeinschaftlichen Entschluß aus dieser peinlichen Lage, aus diesem furchtbaren Gefängnisse reißen und durch eine freiwillige Entsagung ihrer hiesigen Besitzthümer auf ewig ihr Geschlecht aus diesem Jammer erlösen, und in eine glücklichere Welt, zu ihrem alten Vater retten würden. So endeten sie doch ihrer würdig, und kämen ihrer nothwendigen, gewaltsamen Vertilgung, oder einer noch entsetzlicheren Ausartung in Thiere, durch stufenweise Zerstörung der Denkorgane, durch Wahnsinn, zuvor. Umgang mit Naturkräften, mit Thieren, Pflanzen, Felsen, Stürmen und Wogen müsse nothwendig die Menschen diesen Gegenständen verähnlichen, und diese Verähnlichung, Verwandlung und Auflösung des Göttlichen und Menschlichen in unbändige Kräfte sey der Geist der Natur, dieser fürchterlich verschlingenden Macht: und sey nicht alles, was man sehe, schon ein Raub des Himmels, eine große Ruine ehemaliger Herrlichkeiten, Ueberbleibsel eines schrecklichen Mahls?

Wohl, sagen Muthigere, laßt unser Geschlecht einen langsamen, wohldurchdachten Zerstörungskrieg mit dieser Natur führen. Mit schleichenden Giften müssen wir ihr beizukommen suchen. Der Naturforscher sey ein edler Held, der sich in den geöffneten Abgrund stürze, um seine Mitbürger zu erretten. Die Künstler haben ihr schon manchen geheimen Streich beygebracht, fahrt nur so fort, bemächtigt euch der heimlichen Fäden, und macht sie lüstern nach sich selbst. Benutzt jene Zwiste, um sie, wie jenen feuerspeienden Stier, nach eurer Willkühr lenken zu können. Euch unterthänig muß sie werden. Geduld und Glauben ziemt den Menschenkindern. Entfernte Brüder sind zu Einem Zweck mit uns vereint, das Sternenrad wird das Spinnrad unsers Lebens werden, und dann können wir durch unsere Sklaven ein neues Dschinnistan uns bauen. Mit innerm Triumph laßt uns ihren Verwüstungen, ihren Tumulten zusehn, sie soll an uns sich selbst verkaufen, und jede Gewaltthat soll ihr zur schweren Buße werden. In den begeisternden Gefühlen unsrer Freyheit laßt uns leben und sterben, hier quillt der Strom, der sie einst überschwemmen und zähmen wird, und in ihm laßt uns baden und mit neuem Muth zu Heldenthaten uns erfrischen. Bis hieher reicht die Wuth des Ungeheuers nicht, ein Tropfen Freyheit ist genug, sie auf immer zu lähmen und ihren Verheerungen Maaß und Ziel zu setzen.

Sie haben recht, sprechen Mehrere; hier oder nirgends liegt der Talisman. Am Quell der Freiheit sitzen wir und spähn; er ist der große Zauberspiegel, in dem rein und klar die ganze Schöpfung sich enthüllt, in ihm baden die zarten Geister und Abbilder aller Naturen, und alle Kammern sehn wir hier aufgeschlossen. Was brauchen wir die trübe Welt der sichtbaren Dinge mühsam zu durchwandern? Die reinere Welt liegt ja in uns, in diesem Quell. Hier offenbart sich der wahre Sinn des großen, bunten, verwirrten Schauspiels; und treten wir von diesen Blicken voll in die Natur, so ist uns alles wohlbekannt, und sicher kennen wir jede Gestalt. Wir brauchen nicht erst lange nachzuforschen, eine leichte Vergleichung, nur wenige Züge im Sande sind genug um uns zu verständigen. So ist uns alles eine große Schrift, wozu wir den Schlüssel haben, und nichts kommt uns unerwartet, weil wir voraus den Gang des großen Uhrwerks wissen. Nur wir genießen die Natur mit vollen Sinnen, weil sie uns nicht von Sinnen bringt, weil keine Fieberträume uns ängstigen und helle Besonnenheit uns zuversichtlich und ruhig macht.

Die Andern reden irre, sagt ein ernster Mann zu diesen. Erkennen sie in der Natur nicht den treuen Abdruck ihrer selbst? Sie selbst verzehren sich in wilder Gedankenlosigkeit. Sie wissen nicht, daß ihre Natur ein Gedankenspiel, eine wüste Fantasie ihres Traumes ist. Ja wohl ist sie ihnen ein entsetzliches Thier, eine seltsame abentheuerliche Larve ihrer Begierden. Der wachende Mensch sieht ohne Schaudern diese Brut seiner regellosen Einbildungskraft, denn er weiß, daß es nichtige Gespenster seiner Schwäche sind. Er fühlt sich Herr der Welt, sein Ich schwebt mächtig über diesem Abgrund, und wird in Ewigkeiten über diesem endlosen Wechsel erhaben schweben. Einklang strebt sein Inneres zu verkünden, zu verbreiten. Er wird in die Unendlichkeit hinaus stets einiger mit sich selbst und seiner Schöpfung um sich her seyn, und mit jedem Schritte die ewige Allwirksamkeit einer hohen sittlichen Weltordnung, der Veste seines Ichs, immer heller hervortreten sehn. Der Sinn der Welt ist die Vernunft: um derentwillen ist sie da, und wenn sie erst der Kampfplatz einer kindlichen, aufblühenden Vernunft ist, so wird sie einst zum göttlichen Bilde ihrer Thätigkeit, zum Schauplatz einer wahren Kirche werden. Bis dahin ehre sie der Mensch, als Sinnbild seines Gemüths, das sich mit ihm in unbestimmbare Stufen veredelt. Wer also zur Kenntniß der Natur gelangen will, übe seinen sittlichen Sinn, handle und bilde dem edlen Kerne seines Innern gemäß, und wie von selbst wird die Natur sich vor ihm öffnen. Sittliches Handeln ist jener große und einzige Versuch, in welchem alle Räthsel der mannichfaltigsten Erscheinungen sich lösen. Wer ihn versteht, und in strengen Gedankenfolgen ihn zu zerlegen weiß, ist ewiger Meister der Natur.

Der Lehrling hört mit Bangigkeit die sich kreutzenden Stimmen. Es scheint ihm jede Recht zu haben, und eine sonderbare Verwirrung bemächtigt sich seines Gemüths. Allmählig legt sich der innre Auruhr, und über die dunkeln sich an einander brechenden Wogen scheint ein Geist des Friedens heraufzuschweben, dessen Ankunft sich durch neuen Muth und überschauende Heiterkeit in der Seele des Jünglings ankündigt.

Ein muntrer Gespiele, dem Rosen und Winden die Schläfe zierten, kam herbeigesprungen, und sah ihn in sich gesenkt sitzen. Du Grübler, rief er, bist auf ganz verkehrtem Wege. So wirst du keine großen Fortschritte machen. Das Beste ist überall die Stimmung. Ist das wohl eine Stimmung der Natur? Du bist noch jung und fühlst du nicht das Gebot der Jugend in allen Adern? nicht Liebe und Sehnsucht deine Brust erfüllen? Wie kannst du nur in der Einsamkeit sitzen? Sitzt die Natur einsam? Den Einsamen flieht Freude und Verlangen: und ohne Verlangen, was nützt dir die Natur? Nur unter Menschen wird er einheimisch, der Geist, der sich mit tausend bunten Farben in all deine Sinne drängt, der wie eine unsichtbare Geliebte dich umgiebt. Bey unsern Festen löst sich seine Zunge, er sitzt oben an und stimmt Lieder des fröhlichsten Lebens an. Du hast noch nicht geliebt, du Armer; beim ersten Kuß wird eine neue Welt dir aufgethan, mit ihm fährt Leben in tausend Strahlen in dein entzücktes Herz. Ein Mährchen will ich dir erzählen, horche wohl.

Vor langen Zeiten lebte weit gegen Abend ein blutjunger Mensch. Er war sehr gut, aber auch über die Maaßen wunderlich. Er grämte sich unaufhörlich um nichts und wieder nichts, ging immer still für sich hin, setzte sich einsam, wenn die Andern spielten und fröhlich waren, und hing seltsamen Dingen nach. Höhlen und Wälder waren sein liebster Aufenthalt, und dann sprach er immer fort mit Thieren und Vögeln, mit Bäumen und Felsen, natürlich kein vernünftiges Wort, lauter närrisches Zeug zum Todtlachen. Er blieb aber immer mürrisch und ernsthaft, ungeachtet sich das Eichhörnchen, die Meerkatze, der Papagay und der Gimpel alle Mühe gaben ihn zu zerstreuen, und ihn auf den richtigen Weg zu weisen. Die Gans erzählte Mährchen, der Bach klimperte eine Ballade dazwischen, ein großer dicker Stein machte lächerliche Bockssprünge, die Rose schlich sich freundlich hinter ihm herum, kroch durch seine Locken, und der Epheu streichelte ihm die sorgenvolle Stirn. Allein der Mißmuth und Ernst waren hartnäckig. Seine Eltern waren sehr betrübt, sie wußten nicht, was sie anfangen sollten. Er war gesund und aß, nie hatten sie ihn beleidigt, er war auch bis vor wenigen Jahren fröhlich und lustig gewesen, wie keiner; bei allen Spielen voran, von allen Mädchen gern gesehn. Er war recht bildschön, sah aus wie gemahlt, tanzte wie ein Schatz. Unter den Mädchen war Eine, ein köstliches, bildschönes Kind, sah aus wie Wachs, Haare wie goldne Seide, kirschrothe Lippen, wie ein Püppchen gewachsen, brandrabenschwarze Augen. Wer sie sah, hätte mögen vergehn, so lieblich war sie. Damals war Rosenblüthe, so hieß sie, dem bildschönen Hyacinth, so hieß er, von Herzen gut, und er hatte sie lieb zum Sterben. Die andern Kinder wußtens nicht. Ein Veilchen hatte es ihnen zuerst gesagt, die Hauskätzchen hatten es wohl gemerkt, die Häuser ihrer Eltern lagen nahe beisammen. Wenn nun Hyacinth die Nacht an seinem Fenster stand und Rosenblüthe an ihrem, und die Kätzchen auf dem Mäusefang da vorbeyliefen, da sahen sie die Beiden stehn, und lachten und kickerten oft so laut, daß sie es hörten und böse wurden. Das Veilchen hatte es der Erdbeere im Vertrauen gesagt, die sagte es ihrer Freundinn der Stachelbeere, die ließ nun das Sticheln nicht, wenn Hyacinth gegangen kam; so erfuhrs denn bald der ganze Garten und der Wald, und wenn Hyacinth ausging, so riefs von allen Seiten: Rosenblüthchen ist mein Schätzchen! Nun ärgerte sich Hyacinth, und mußte doch auch wieder aus Herzensgrunde lachen, wenn das Eidexchen geschlüpft kam, sich auf einen warmen Stein setzte, mit dem Schwänzchen wedelte und sang:

Rosenblüthchen, das gute Kind,
Ist geworden auf einmal blind,
Denkt, die Mutter sey Hyacinth,
Fällt ihm um den Hals geschwind;
Merkt sie aber das fremde Gesicht,
Denkt nur an, da erschrickt sie nicht,
Fährt, als merkte sie kein Wort,
Immer nur mit Küssen fort.

Ach! wie bald war die Herrlichkeit vorbey. Es kam ein Mann aus fremden Landen gegangen, der war erstaunlich weit gereist, hatte einen langen Bart, tiefe Augen, entsetzliche Augenbrauen, ein wunderliches Kleid mit vielen Falten und seltsame Figuren hineingewebt. Er setzte sich vor das Haus, das Hyacinths Eltern gehörte. Nun war Hyacinth sehr neugierig, und setzte sich zu ihm und holte ihm Brod und Wein. Da that er seinen weißen Bart von einander und erzählte bis tief in die Nacht, und Hyacinth wich und wankte nicht, und wurde auch nicht müde zuzuhören. So viel man nachher vernahm, so hat er viel von fremden Ländern, unbekannten Gegenden, von erstaunlich wunderbaren Sachen erzählt, und ist drey Tage dageblieben, und mit Hyacinth in tiefe Schachten hinuntergekrochen. Rosenblüthchen hat genug den alten Hexenmeister verwünscht, denn Hyacinth ist ganz versessen auf seine Gespräche gewesen, und hat sich um nichts bekümmert; kaum daß er ein wenig Speise zu sich genommen. Endlich hat jener sich fortgemacht, doch dem Hyacinth ein Bündelchen dagelassen, das kein Mensch lesen konnte. Dieser hat ihm noch Früchte, Brod und Wein mitgegeben, und ihn weit weg begleitet. Und dann ist er tiefsinnig zurückgekommen, und hat einen ganz neuen Lebenswandel begonnen. Rosenblüthchen hat recht zum Erbarmen um ihn gethan, denn von der Zeit an hat er sich wenig aus ihr gemacht und ist immer für sich geblieben. Nun begab sichs, daß er einmal nach Hause kam und war wie neugeboren. Er fiel seinen Eltern um den Hals, und weinte. Ich muß fort in fremde Lande, sagte er, die alte wunderliche Frau im Walde hat mir erzählt, wie ich gesund werden müßte, das Buch hat sie ins Feuer geworfen, und hat mich getrieben, zu euch zu gehn und euch um euren Segen zu bitten. Vielleicht komme ich bald, vielleicht nie wieder. Grüßt Rosenblüthchen. Ich hätte sie gern gesprochen, ich weiß nicht, wie mir ist, es drängt mich fort; wenn ich an die alten Zeiten zurück denken will, so kommen gleich mächtigere Gedanken dazwischen, die Ruhe ist fort, Herz und Liebe mit, ich muß sie suchen gehn. Ich wollt' euch gern sagen, wohin, ich weiß selbst nicht, dahin wo die Mutter der Dinge wohnt, die verschleyerte Jungfrau. Nach der ist mein Gemüth entzündet. Lebt wohl. Er riß sich los und ging fort. Seine Eltern wehklagten und vergossen Thränen, Rosenblüthchen blieb in ihrer Kammer und weinte bitterlich. Hyacinth lief nun was er konnte, durch Thäler und Wildnisse, über Berge und

Ströme, dem geheimnißvollen Lande zu. Er fragte überall nach der heiligen Göttin (Isis) Menschen und Thiere, Felsen und Bäume. Manche lachten[,] manche schwiegen, nirgends erhielt er Bescheid. Im Anfange kam er durch rauhes, wildes Land, Nebel und Wolken warfen sich ihm in den Weg, es stürmte immerfort; dann fand er unabsehliche Sandwüsten, glühenden Staub, und wie er wandelte, so veränderte sich auch sein Gemüth, die Zeit wurde ihm lang und die innre Unruhe legte sich, er wurde sanfter und das gewaltige Treiben in ihm allgemach zu einem leisen, aber starken Zuge, in den sein ganzes Gemüth sich auflöste. Es lag wie viele Jahre hinter ihm. Nun wurde die Gegend auch wieder reicher und mannichfaltiger, die Luft lau und blau, der Weg ebener, grüne Büsche lockten ihn mit anmuthigem Schatten, aber er verstand ihre Sprache nicht, sie schienen auch nicht zu sprechen, und doch erfüllten sie auch sein Herz mit grünen Farben und kühlem, stillem Wesen. Immer höher wuchs jene süße Sehnsucht in ihm, und immer breiter und saftiger wurden die Blätter, immer lauter und lustiger die Vögel und Thiere, balsamischer die Früchte, dunkler der Himmel, wärmer die Luft, und heißer seine Liebe, die Zeit ging immer schneller, als sähe sie sich nahe am Ziele. Eines Tages begegnete er einem krystallnen Quell und einer Menge Blumen, die kamen in ein Thal herunter zwischen schwarzen himmelhohen Säulen. Sie grüßten ihn freundlich mit bekannten Worten. Liebe Landsleute, sagte er, wo find' ich wohl den geheiligten Wohnsitz der Isis? Hier herum muß er seyn, und ihr seid vielleicht hier bekannter, als ich. Wir gehn auch nur hier durch, antworteten die Blumen; eine Geisterfamilie ist auf der Reise und wir bereiten ihr Weg und Quartier, indeß sind wir vor kurzem durch eine Gegend gekommen, da hörten wir ihren Namen nennen. Gehe nur aufwärts, wo wir herkommen, so wirst du schon mehr erfahren. Die Blumen und die Quelle lächelten, wie sie das sagten, boten ihm einen frischen Trunk und gingen weiter. Hyacinth folgte ihrem Rath, frug und frug und kam endlich zu jener längst gesuchten Wohnung, die unter Palmen und anderen köstlichen Gewächsen versteckt lag. Sein Herz klopfte in unendlicher Sehnsucht, und die süßeste Bangigkeit durchdrang ihn in dieser Behausung der ewigen Jahreszeiten.

Unter himmlischen Wohlgedüften entschlummerte er, weil ihn nur der Traum in das Allerheiligste führen durfte. Wunderlich führte ihn der Traum durch unendliche Gemächer voll seltsamer Sachen auf lauter reitzenden Klängen und in abwechselnden Accorden. Es dünkte ihm alles so bekannt und doch in niegesehener Herrlichkeit, da schwand auch der letzte irdische Anflug, wie in Luft verzehrt, und er stand vor der himmlischen Jungfrau, da hob er den leichten, glänzenden Schleyer, und Rosenblüthchen sank in seine Arme. Eine ferne Musik umgab die Geheimnisse des liebenden Wiedersehns, die Ergießungen der Sehnsucht, und schloß alles Fremde von diesem entzückenden Orte aus. Hyacinth lebte nachher noch lange mit Rosenblüthchen unter seinen frohen Eltern und Gespielen, und unzählige Enkel dankten der alten wunderlichen Frau für ihren Rath und ihr Feuer; denn damals bekamen die Menschen so viele Kinder, als sie wollten. –

Die Lehrlinge umarmten sich und gingen fort. Die weiten hallenden Säle standen leer und hell da, und das wunderbare Gespräch in zahllosen Sprachen unter den tausendfaltigen Naturen, die in diesen Sälen zusammengebracht und in mannichfaltigen Ordnungen aufgestellt waren, dauerte fort. Ihre innern Kräfte spielten gegen einander. Sie strebten in ihre Freiheit, in ihre alten Verhältnisse zurück. Wenige standen auf ihrem eigentlichen Platze, und sahen in Ruhe dem mannichfaltigen Treiben um sich her zu. Die Übrigen klagten über entsetzliche Qualen und Schmerzen, und bejammerten das alte, herrliche Leben im Schooße der Natur, wo sie eine gemeinschaftliche Freiheit vereinigte, und jedes von selbst erhielt, was es bedurfte. O! daß der Mensch, sagten sie, die innre Musik der Natur verstände, und einen Sinn für äußere Harmonie hätte. Aber er weiß ja kaum, daß wir zusammen gehören, und keins ohne das andere bestehen kann. Er kann nichts liegen lassen, tyrannisch trennt er uns und greift in lauter Dissonanzen herum. Wie glücklich könnte er seyn, wenn er mit uns freundlich umginge, und auch in unsern großen Bund träte, wie ehemals in der goldnen Zeit, wie er sie mit Recht nennt. In jener Zeit verstand er uns, wie wir ihn verstanden. Seine Begierde, Gott zu werden, hat ihn von uns getrennt, er sucht, was wir nicht wissen und ahnden können, und seitdem ist er keine begleitende Stimme, keine Mitbewegung mehr. Er ahndet wohl die unendliche Wollust, den ewigen Genuß in uns, und darum hat er eine so wunderbare Liebe zu Einigen unter uns. Der Zauber des Goldes, die Geheimnisse der Farben, die Freuden des Wassers sind ihm nicht fremd, in den Antiken ahndet er die Wunderbarkeit der Steine, und dennoch fehlt ihm noch die süße Leidenschaft für das Weben der Natur, das Auge für unsre entzückenden Mysterien. Lernt er nur einmal fühlen? Diesen himmlischen, diesen natürlichsten aller Sinne kennt er noch wenig: durch das Gefühl würde die alte, ersehnte Zeit zurückkommen; das Element des Gefühls ist ein inneres Licht, was sich in schöner'n, kräftiger'n Farben bricht. Dann gingen die Gestirne in ihm auf, er lernte die ganze Welt fühlen, klärer und mannichfaltiger, als ihm das Auge jetzt Grenzen und Flächen zeigt. Er würde Meister eines unendlichen Spiels und vergäße alle thörichten Bestrebungen in einem ewigen, sich selbst nährenden und immer wachsenden Genusse. Das Denken ist nur ein Traum des Fühlens, ein erstorbenes Füh[l]en, ein blaßgraues, schwaches Leben.

Wie sie so sprachen, strahlte die Sonne durch die hohen Fenster, und in ein sanftes Säuseln verlor sich der Lärm des Gesprächs; eine unendliche Ahndung durchdrang alle Gestalten, die lieblichste Wärme verbreitete sich über alle, und der wunderbarste Naturgesang erhob sich aus der tiefsten Stille. Man hörte Menschenstimmen in der Nähe, die großen Flügelthüren nach dem Garten zu wurden geöffnet, und einige Reisende setzten sich auf die Stufen der breiten Treppe, in den Schatten des Gebäudes. Die reitzende Landschaft lag in schöner Erleuchtung vor ihnen, und im Hintergrunde verlor sich der Blick an blauen Gebirgen hinauf. Freundliche Kinder brachten mannichfaltige Speisen und Getränke, und bald begann ein lebhaftes Gespräch unter ihnen.

Auf alles, was der Mensch vornimmt, muß er seine *ungetheilte* Aufmerksamkeit oder sein Ich richten, sagte endlich der Eine, und wenn er dieses gethan hat, so entstehn bald Gedanken, oder eine neue Art von Wahrnehmungen, die nichts als zarte Bewegungen eines färbenden oder klappernden Stifts, oder wunderliche Zusammenziehungen und Figurationen einer elastischen Flüssigkeit zu seyn scheinen, auf eine wunderbare Weise in ihm. Sie verbreiten sich von dem Punkte, wo er den Eindruck fest stach, nach allen Seiten mit lebendiger Beweglichkeit, und nehmen sein Ich mit fort. Er kann dieses Spiel oft gleich wieder vernichten, indem er seine Aufmerksamkeit wieder theilt oder nach Willkühr herumschweifen läßt, denn sie scheinen nichts als Strahlen und Wirkungen, die jenes Ich nach allen Seiten zu in jenem elastischen Medium erregt, oder seine Brechungen in demselben, oder überhaupt ein seltsames Spiel der Wellen dieses Meers mit der starren Aufmerksamkeit zu seyn. Höchst merkwürdig ist es, daß der Mensch erst in diesem Spiele seine Eigenthümlichkeit, seine specifische Freiheit recht gewahr wird, und daß es ihm vorkommt, als erwache er aus einem tiefen Schlafe, als sey er nun erst in der Welt zu Hause, und verbreite jetzt erst das Licht des Tages sich über seine innere Welt. Er glaubt es am höchsten gebracht zu haben, wenn er, ohne jenes Spiel zu stören, zugleich die gewöhnlichen Geschäfte der Sinne vornehmen, und empfinden und denken zugleich kann. Dadurch gewinnen beide Wahrnehmungen: die Außenwelt wird durchsichtig, und die Innenwelt mannichfaltig und bedeutungsvoll, und so befindet sich der Mensch in einem innig lebendigen Zustande zwischen zwey Welten in der vollkommensten Freiheit und dem freudigsten Machtgefühl. Es ist natürlich, daß der Mensch diesen Zustand zu verewigen und ihn über die ganze Summe seiner Eindrücke zu verbreiten sucht; daß er nicht müde wird, diese Associationen beider Welten zu verfolgen, und ihren Gesetzen und ihren Sympathieen und Antipathieen nachzuspüren. Den Inbegriff dessen, was uns rührt, nennt man die Natur, und also steht die Natur in einer unmittelbaren Beziehung auf die Gliedmaßen unsers Körpers, die wir Sinne nennen. Unbekannte und geheimnißvolle Beziehungen unsers Körpers lassen unbekannte und geheimnißvolle Verhältnisse der Natur vermuthen, und so ist die Natur jene wunderbare Gemeinschaft, in die unser Körper uns einführt, und die wir nach dem Maaße seiner Einrichtungen und Fähigkeiten kennen lernen. Es frägt sich, ob wir die Natur der Naturen durch diese specielle Natur wahrhaft begreifen lernen können, und in wiefern unsre Gedanken und die Intensität unsrer Aufmerksamkeit durch dieselbe bestimmt werden, oder sie bestimmen, und dadurch von der Natur losreißen und vielleicht ihre zarte Nachgiebigkeit verderben. Man sieht wohl, daß diese innern Verhältnisse und Einrichtungen unsers Körpers vor allen Dingen erforscht werden müssen, ehe wir diese Frage zu beantworten und in die Natur der Dinge zu dringen hoffen können. Es ließe sich jedoch auch denken, daß wir überhaupt erst uns mannichfach im Denken müßten geübt haben, ehe wir uns an dem innern Zusammenhang unsers Körpers versuchen und seinen Verstand zum Verständniß der Natur gebrauchen könnten, und da wäre freylich nichts natürlicher, als alle mögliche Bewegungen des Denkens hervorzubringen und eine Fertigkeit in diesem Geschäft, so wie eine Leichtigkeit zu erwerben, von Einer zur Andern überzugehen und sie mannichfach zu verbinden und zu zerlegen. Zu dem Ende müßte man alle Eindrücke aufmerksam betrachten, das dadurch entstehende Gedankenspiel ebenfalls genau bemerken, und sollten dadurch abermals neue Gedanken entstehn, auch diesen zusehn, um so allmählich ihren Mechanismus zu erfahren und durch eine oftmalige Wiederholung die mit jedem Eindruck beständig verbundnen Bewegungen von den übrigen unterscheiden und behalten zu lernen. Hätte man dann nur erst einige Bewegungen, als Buchstaben der Natur, herausgebracht, so würde das Dechiffriren immer leichter von statten gehn, und die Macht über die Gedankenerzeugung und Bewegung den Beobachter in Stand setzen, auch ohne vorhergegangenen wirklichen Eindruck, Naturgedanken hervorzubringen und Naturcompositionen zu entwerfen, und dann wäre der Endzweck erreicht.

Es ist wohl viel gewagt, sagte ein Anderer, so aus den äußerlichen Kräften und Erscheinungen der Natur sie zusammen setzen zu wollen, und sie bald für ein ungeheures Feuer, bald für einen wunderbar gestalteten [B]all, für eine Zweyheit oder Dreyheit, oder für irgendeine andere seltsamliche Kraft auszugeben.

Es wäre denkbarer, daß sie das Erzeugniß eines unbegreiflichen Einverständnisses unendlich verschiedner Wesen wäre, das wunderbare Band der Geisterwelt, der Vereinigungs- und Berührungspunkt unzähliger Welten.

Laß es gewagt seyn, sprach ein Dritter; je willkührlicher das Netz gewebt ist, das der kühne Fischer auswirft, desto glücklicher ist der Fang. Man ermuntre nur jeden, seinen Gang so weit als möglich fortzusetzen, und jeder sey willkommen, der mit einer neuen Fantasie die Dinge überspinnt. Glaubst du nicht, daß es gerade die gut ausgeführten Systeme seyn werden, aus denen der künftige Geograph der Natur die Data zu seiner großen Naturkarte nimmt? Sie wird er vergleichen, und diese Vergleichung wird uns das sonderbare Land erst kennen lehren. Die Erkenntniß der Natur wird aber noch himmelweit von ihrer Auslegung verschieden seyn. Der eigentliche Chiffrirer wird vielleicht dahin kommen, mehrere Naturkräfte zugleich zu Hervorbringung herrlicher und nützlicher Erscheinungen in Bewegung zu setzen, er wird auf der Natur, wie auf einem großen Instrument fantasiren können, und doch wird er die Natur nicht verstehn. Dies ist die Gabe des Naturhistorikers, des Zeitensehers, der vertraut mit der Geschichte der Natur, und bekannt mit der Welt, diesem höheren Schauplatz der Naturgeschichte, ihre Bedeutungen wahrnimmt und weißagend verkündigt. Noch ist dieses Gebiet ein unbekanntes, ein heiliges Feld. Nur göttliche Gesandte haben einzelne Worte dieser höchsten Wissenschaft fallen lassen, und es ist nur zu verwundern, daß die ahndungsvollen Geister sich diese Ahndung haben entgehn lassen und die Natur zur einförmigen Maschine, ohne Vorzeit und Zukunft, erniedrigt haben. Alles Göttliche hat eine Geschichte und die Natur, dieses einzige Ganze, womit der Mensch sich vergleichen kann, sollte nicht so gut wie der Mensch in einer Geschichte begriffen seyn oder welches eins ist, einen Geist haben? die Natur wäre nicht die Natur, wenn sie keinen Geist hätte, nicht jenes einzige Gegenbild der Menschheit nicht die unentbehrliche Antwort dieser geheimnißvollen Frage, oder die Frage zu dieser unendlichen Antwort.

Nur die Dichter haben es gefühlt, was die Natur den Menschen seyn kann, begann ein schöner Jüngling, und man kann auch hier von ihnen sagen, daß sich die Menschheit in ihnen in der vollkommensten Auflösung befindet, und daher jeder Eindruck durch ihre Spiegelhelle und Beweglichkeit rein in allen seinen unendlichen Veränderungen nach allen Seiten fortgepflanzt wird. Alles finden sie in der Natur. Ihnen allein bleibt die Seele derselben nicht fremd, und sie suchen in ihrem Umgang alle Seligkeiten der goldnen Zeit nicht umsonst. Für sie hat die Natur alle Abwechselungen eines unendlichen Gemüths, und mehr als der geistvollste, lebendigste Mensch überrascht sie durch sinnreiche Wendungen und Einfälle, Begegnungen und Abweichungen, große Ideen und Bizarrerieen. Der unerschöpfliche Reichthum ihrer Fantasie läßt keinen vergebens ihren Umgang aufsuchen. Alles weiß sie zu verschönern, zu beleben, zu bestätigen, und wenn auch im Einzelnen ein bewußtloser, nichtsbedeutender Mechanismus allein zu herrschen scheint, so sieht doch das tiefer sehende Auge eine wunderbare Sympathie mit dem menschlichen Herzen im Zusammentreffen und in der Folge der einzelnen Zufälligkeiten. Der Wind ist eine Luftbewegung, die manche äußere Ursachen haben kann, aber ist er dem einsamen, sehnsuchtsvollen Herzen nicht mehr, wenn er vorübersaust, von geliebten Gegenden herweht und mit tausend dunkeln, wehmüthigen Lauten den stillen Schmerz in einen tiefen melodischen Seufzer der ganzen Natur aufzulösen scheint? Fühlt nicht so auch im jungen, bescheidnen Grün der Frühlingswiesen der junge Liebende seine ganze blumenschwangre Seele mit entzükkender Wahrheit ausgesprochen, und ist je die Üppigkeit einer nach süßer Auflösung in goldnen Wein lüsternen Seele köstlicher und erwecklicher erschienen als in einer vollen, glänzenden Traube, die sich unter den breiten Blättern halb versteckt? Man beschuldigt die Dichter der Übertreibung, und hält ihnen ihre bildliche uneigentliche Sprache gleichsam nur zu gute, ja man begnügt sich ohne tiefere Untersuchung, ihrer Fantasie jene wunderliche Natur zuzuschreiben, die manches sieht und hört, was andere nicht hören und sehen, und die in einem lieblichen Wahnsinn mit der wirklichen Welt nach ihrem Belieben schaltet und waltet; aber mir scheinen die Dichter noch bei weitem nicht genug zu übertreiben, nur dunkel den Zauber jener Sprache zu ahnden und mit der Fantasie nur so zu spielen, wie ein Kind mit dem Zauberstabe seines Vaters spielt. Sie wissen nicht, welche Kräfte ihnen unterthan sind, welche Welten ihnen gehorchen müssen. Ist es denn nicht wahr, daß Steine und Wälder der Musik gehorchen und, von ihr gezähmt, sich jedem Willen wie Hausthiere fügen? – Blühen nicht wirklich die schönsten Blumen um die Geliebte und freuen sich sie zu schmücken? Wird für sie der Himmel nicht heiter und das Meer nicht eben? – Drückt nicht die ganze Natur so gut, wie das Gesicht, und die Geberden, der Puls und die Farben, den Zustand eines jeden der höheren, wunderbaren Wesen aus, die wir Menschen nennen? Wird nicht der Fels ein eigenthümliches Du, eben wenn ich ihn anrede? Und was bin ich anders, als der Strom, wenn ich wehmüthig in seine Wellen hinabschaue, und die Gedanken in seinem Gleiten verliere? Nur ein ruhiges, genußvolles Gemüth wird die Pflanzenwelt, nur ein lustiges Kind oder ein Wilder die Thiere verstehn. – Ob jemand die Steine und Gestirne schon verstand, weiß ich nicht, aber gewiß muß dieser ein erhabnes Wesen gewesen seyn. In jenen Statuen, die aus einer untergegangenen Zeit der Herrlichkeit des Menschengeschlechts übrig geblieben sind, leuchtet allein so ein tiefer Geist, so ein seltsames Verständniß der Steinwelt hervor, und überzieht den sinnvollen Betrachter mit einer Steinrinde, die nach innen zu wachsen scheint. Das Erhabne wirkt versteinernd, und so dürften wir uns nicht über das Erhabne der Natur und seine Wirkungen wundern, oder nicht wissen, wo es zu suchen sey. Könnte die Natur nicht über den Anblick Gottes zu Stein geworden seyn? Oder vor Schrecken über die Ankunft des Menschen?

Über diese Rede war der, welcher zuerst gesprochen hatte, in tiefe Betrachtung gesunken, die fernen Berge wurden buntgefärbt, und der Abend legte sich mit süßer Vertraulichkeit über die Gegend. Nach einer langen Stille hörte man ihn sagen: Um die Natur zu begreifen, muß man die Natur innerlich in ihrer ganzen Folge entstehen lassen. Bey dieser Unternehmung muß man sich bloß von der göttlichen Sehnsucht nach Wesen, die uns gleich sind, und den nothwendigen Bedingungen dieselben zu vernehmen, bestimmen lassen, denn wahrhaftig die ganze Natur ist nur als Werkzeug und Medium des Einverständnisses vernünftiger Wesen begreiflich. Der denkende Mensch kehrt zur ursprünglichen Function seines Daseyns, zur schaffenden Betrachtung, zu jenem Punkte zurück, wo Hervorbringen und Wissen in der wundervollsten Wechselverbindung standen, zu jenem schöpferischen Moment des eigentlichen Genusses, des innern Selbstempfängnisses. Wenn er nun ganz in die *Beschauung* dieser Urerscheinung versinkt, so entfaltet sich vor ihm in neu entstehenden Zeiten und Räumen, wie ein unermeßliches Schauspiel, die Erzeugungsgeschichte der Natur, und jeder feste Punkt, der sich in der unendlichen Flüssigkeit ansetzt, wird ihm eine neue Offenbarung des Genius der Liebe, ein neues Band des Du und des Ich. Die sorgfältige Beschreibung dieser innern Weltgeschichte ist die wahre Theorie der Natur; durch den Zusammenhang seiner Gedankenwelt in sich, und ihre Harmonie mit dem Universum, bildet sich von selbst ein Gedankensystem zur getreuen Abbildung und Formel des Universums. Aber die Kunst des ruhigen Beschauens, der schöpferischen Weltbetrachtung ist schwer, unaufhörliches ernstes Nachdenken und strenge Nüchternheit fordert die Ausführung, und die Belohnung wird kein Beifall der mühescheuenden Zeitgenossen, sondern nur eine Freude des Wissens und Wachens [Machens?], eine innigere Berührung des Universums seyn.

Ja, sagte der Zweite, nichts ist so bemerkenswerth, als das große Zugleich in der Natur. Ueberall scheint die Natur ganz gegenwärtig. In der Flamme eines Lichts sind alle Naturkräfte thätig, und so repräsentirt und verwandelt sie sich überall und unaufhörlich, treibt Blätter, Blüthen und Früchte zusammen, und ist mitten in der Zeit gegenwärtig, vergangen und zukünftig zugleich; und wer weiß, in welche eigne Art von Ferne sie ebenfalls wirkt und ob nicht dieses Natursystem nur eine Sonne ist im Universo, die durch Bande an dasselbe geknüpft ist, durch ein Licht und einen Zug und Einflüsse, die zunächst in unserm Geiste sich deutlicher vernehmen lassen, und aus ihm heraus den Geist des Universums über diese Natur ausgießen, und den Geist dieser Natur an andere Natursysteme vertheilen.

Wenn der Denker, sprach der Dritte, mit Recht als Künstler den thätigen Weg betritt, und durch eine geschickte Anwendung seiner geistigen Bewegungen das Weltall auf eine einfache, räthselhaft scheinende Figur zu reduciren sucht, ja man möchte sagen die Natur tanzt, und mit Worten die Linien der Bewegungen nachschreibt, so muß der Liebhaber der Natur dieses kühne Unternehmen bewundern, und sich auch über das Gedeihen dieser menschlichen Anlage freuen. Billig stellt der Künstler die Thätigkeit oben an, denn sein Wesen ist Thun und Hervorbringen mit Wissen und Willen, und seine Kunst ist, sein Werkzeug zu allem gebrauchen, die Welt auf seine Art nachbilden zu können, und darum wird das Princip seiner Welt Thätigkeit, und seine Welt seine Kunst. Auch hier wird die Natur in neuer Herrlichkeit sichtbar, und nur der gedankenlose Mensch wirft die unleserlichen, wunderlich gemischten Worte mit Verachtung weg. Dankbar legt der Priester diese neue, erhabene Meßkunst auf den Altar zu der magnetischen Nadel, die sich nie verirrt, und zahllose Schiffe auf dem pfadlosen Ozean zu bewohnten Küsten und den Häfen des Vaterlandes zurück führte. Außer dem Denker giebt es aber noch andre Freunde des Wissens, die dem Hervorbringen durch Denken nicht vorzüglich zugethan, und also ohne Beruf zu dieser Kunst, lieber Schüler der Natur werden, ihre Freude im Lernen, nicht im Lehren, im Erfahren, nicht im Machen, im Empfangen, nicht im Geben finden. Einige sind geschäftig und nehmen im Vertrauen auf die Allgegenwart und die innige Verwandtschaft der Natur, mithin auch im Voraus von der Unvollständigkeit und der Continuität alles Einzelnen überzeugt, irgendeine Erscheinung mit Sorgfalt auf, und halten den in tausend Gestalten sich verwandelnden Geist derselben mit stetem Blicke fest, und gehn dann an diesem Faden durch alle Schlupfwinkel der geheimen Werkstätte, um eine vollständige Verzeichnung dieser labyrinthischen Gänge entwerfen zu können. Sind sie mit dieser mühseligen Arbeit fertig, so ist auch unvermerkt ein höherer Geist über sie gekommen, und es wird ihnen dann leicht, über die vorliegende Karte zu reden und jedem Suchenden seinen Weg vorzuschreiben. Unermeßlicher Nutzen segnet ihre mühsame Arbeit, und der Grundriß ihrer Karte wird auf eine überraschende Weise mit dem Systeme des Denkers übereinstimmen, und sie werden diesem zum Trost gleichsam den lebendigen Beweis seiner abstrakten Sätze unwillkührlich geführt haben. Die Müßigsten unter ihnen erwarten kindlich von liebevoller Mittheilung höherer, von ihnen mit Inbrunst verehrter Wesen die ihnen nützliche Kenntniß der Natur. Sie mögen Zeit und Aufmerksamkeit in diesem kurzen Leben nicht Geschäften widmen, und dem Dienste der Liebe entziehn. Durch frommes Betragen suchen sie nur Liebe zu gewinnen, nur Liebe mitzutheilen, unbekümmert um das große Schauspiel der Kräfte, ruhig ihrem Schicksale in diesem Reiche der Macht ergeben, weil das innige Bewußtseyn ihrer Unzertrennlichkeit von den geliebten Wesen sie erfüllt, und die Natur sie nur als Abbild und Eigenthum derselben rührt. Was brauchen diese glücklichen Seelen zu wissen, die das beste Theil erwählt haben, und als reine Flammen der Liebe in dieser irdischen Welt nur auf den Spitzen der Tempel oder auf umhergetriebenen Schiffen, als Zeichen des überströmenden himmlischen Feuers lodern? Oft erfahren diese liebenden Kinder in seligen Stunden herrliche Dinge aus den Geheimnissen der Natur, und thun sie in unbewußter Einfalt kund. Ihren Tritten folgt der Forscher, um jedes Kleinod zu sammeln, was sie in ihrer Unschuld und Freude haben fallen lassen, ihrer Liebe huldigt der mitfühlende Dichter und sucht durch seine Gesänge diese Liebe, diesen Keim des goldnen Alters, in andre Zeiten und Länder zu verpflanzen.

Wem regt sich nicht, rief der Jüngling mit funkelndem Auge, das Herz in hüpfender Lust, wenn ihm das innerste Leben der Natur in seiner ganzen Fülle in das Gemüth kommt! wenn dann jenes mächtige Gefühl, wofür die Sprache keine andere Namen als Liebe und Wollust hat, sich in ihm ausdehnt, wie ein gewaltiger, alles auflösender Dunst, und er bebend in süßer Angst in den dunkeln lockenden Schooß der Natur versinkt, die arme Persönlichkeit in den überschlagenden Wogen der Lust sich verzehrt, und nichts als ein Brennpunkt der unermeßlichen Zeugungskraft, ein verschluckender Wirbel im großen Ozean übrig bleibt! Was ist die überall erscheinende Flamme? Eine innige Umarmung, deren süße Frucht in wollüstigen Tropfen herunterthaut.

Das Wasser, dieses erstgeborne Kind lustiger Verschmelzungen, kann seinen wollüstigen Ursprung nicht verläugnen und zeigt sich, als Element der Liebe und der Mischung mit himmlischer Allgewalt auf Erden. Nicht unwahr haben alte Weisen im Wasser den Ursprung der Dinge gesucht, und wahrlich sie haben von einem höhern Wasser, als dem Meer- und Quellwasser gesprochen. In jenem offenbaret sich nur das Urflüssige, wie es im flüssigen Metall zum Vorschein kommt, und darum mögen die Menschen es immer auch nur göttlich verehren. Wie wenige haben sich noch in die Geheimnisse des Flüssigen vertieft und manchem ist diese Ahndung des höchsten Genusses und Lebens wohl nie in der trunkenen Seele aufgegangen. Im Durste offenbaret sich diese Weltseele, diese gewaltige Sehnsucht nach dem Zerfließen. Die Berauschten fühlen nur zu gut diese überirdische Wonne des Flüssigen, und am Ende sind alle angenehme Empfindungen in uns mannichfache Zerfließungen, Regungen jener Urgewässer in uns. Selbst der Schlaf ist nichts als die Flut jenes unsichtbaren Weltmeers, und das Erwachen das Eintreten der Ebbe. Wie viele Menschen stehn an den berauschenden Flüssen und hören nicht das Wiegenlied dieser mütterlichen Gewässer, und genießen nicht das entzückende Spiel [ihrer] unendlichen Wellen! Wie diese Wellen, lebten wir in der goldnen Zeit; in buntfarbigen Wolken, diesen schwimmenden Meeren und Urquellen des Lebendigen auf Erden, liebten und erzeugten sich die Geschlechter der Menschen in ewigen Spielen; wurden besucht von den Kindern des Himmels und erst in jener großen Begebenheit, welche heilige Sagen die Sündflut nennen, ging diese blühende Welt unter; ein feindliches Wesen schlug die Erde nieder, und einige Menschen blieben geschwemmt auf die Klippen der neuen Gebirge in der fremden Welt zurück. Wie seltsam, daß gerade die heiligsten und reitzendsten Erscheinungen der Natur in den Händen so todter Menschen sind, als die Scheidekünstler zu seyn pflegen! sie, die den schöpferischen Sinn der Natur mit Macht erwecken, nur ein Geheimniß der Liebenden, Mysterien der höhern Menschheit seyn sollten, werden mit Schaamlosigkeit und sinnlos von rohen Geistern hervorgerufen, die nie wissen werden, welche Wunder ihre Gläser umschließen. Nur Dichter sollten mit dem Flüssigen umgehn, und von ihm der glühenden Jugend erzählen dürfen; die Werkstätten wären Tempel und mit neuer Liebe würden die Menschen ihre Flamme und ihre Flüsse verehren und sich ihrer rühmen. Wie glücklich würden die Städte sich wieder dünken, die das Meer oder ein großer Strom bespült, und jede Quelle würde wieder die Freistätte der Liebe und der Aufenthalt der erfahrnen und geistreichen Menschen. Darum lockt auch die Kinder nichts mehr als Feuer und Wasser, und jeder Strom verspricht ihnen, in die bunte Ferne, in schönere Gegenden sie zu führen. Es ist nicht blos Wiederschein, daß der Himmel im Wasser liegt, es ist eine zarte Befreundung, ein Zeichen der Nachbarschaft, und wenn der unerfüllte Trieb in die unermeßliche Höhe will, so versinkt die glückliche Liebe gern in die endlose Tiefe. Aber es ist umsonst, die Natur lehren und predigen zu wollen. Ein Blindgeborner lernt nicht sehen, und wenn man ihm noch so viel von Farben und Lichtern und fernen Gestalten erzählen wollte. So wird auch keiner die Natur begreifen, der kein Naturorgan, kein innres naturerzeugendes und absonderndes Werkzeug hat, der nicht, wie von selbst, überall die Natur an allem erkennt und unterscheidet und mit angeborner Zeugungslust, in inniger mannichfaltiger Verwandtschaft mit allen Körpern, durch das Medium der Empfindung, sich mit allen Naturwesen vermischt, sich gleichsam in sie hineinfühlt. Wer aber einen richtigen und geübten Natursinn hat, der genießt die Natur, indem er sie studirt, und freut sich ihrer unendlichen Mannichfaltigkeit, ihrer Unerschöpflichkeit im Genusse, und bedarf nicht, daß man ihn mit unnützen Worten in seinen Genüssen störe. Ihm dünkt vielmehr, daß man nicht heimlich genug mit der Natur umgehen, nicht zart genug von ihr reden, nicht ungestört und aufmerksam genug sie beschauen kann. Er fühlt sich in ihr, wie am Busen seiner züchtigen Braut und vertraut auch nur dieser seine erlangten Einsichten in süßen vertraulichen Stunden. Glücklich preis' ich diesen Sohn, diesen Liebling der Natur, dem sie verstattet sie in ihrer Zweyheit, als erzeugende und gebärende Macht, und in ihrer Einheit, als eine unendliche, ewigdauernde Ehe, zu betrachten. Sein Leben wird eine Fülle aller Genüsse, eine Kette der Wollust und seine Religion der eigentliche, ächte Naturalismus seyn.

Unter dieser Rede hatte sich der Lehrer mit seinen Lehrlingen der Gesellschaft genähert. Die Reisenden standen auf und begrüßten ihn ehrfurchtsvoll. Eine erfrischende Kühlung verbreitete sich aus den dunkeln Laubgängen über den Platz und die Stufen. Der Lehrer ließ einun jener seltnen leuchtenden Steine bringen, die man Karfunkel nennt, und ein hellrothes, kräftiges Licht goß sich über die verschiednen Gestalten und Kleidungen aus. Es entspann sich bald eine freundliche Mittheilung unter ihnen. Während eine Musik aus der Ferne sich hören ließ und eine kühlende Flamme aus Krystallschaalen in die Lippen der Sprechenden hineinloderte, erzählten die Fremden merkwürdige Erinnerungen ihrer weiten Reisen. Voll Sehnsucht und Wißbegierde hatten sie sich aufgemacht, um die Spuren jenes verloren gegangenen Urvolks zu suchen, dessen entartete und verwilderte Reste die heutige Menschheit zu seyn schiene, dessen hoher Bildung sie noch die wichtigsten und unentbehrlichsten Kenntnisse und Werkzeuge zu danken hat. Vorzüglich hatte sie jene heilige Sprache gelockt, die das glänzende Band jener königlichen Menschen mit überirdischen Gegenden und Bewohnern gewesen war, und von der einige Worte, nach dem Verlaut mannichfaltiger Sagen, noch im Besitz einiger glücklichen Weisen unter unsern Vorfahren gewesen seyn mögen. Ihre Aussprache war ein wunderbarer Gesang, dessen unwiderstehliche Töne tief in das Innere jeder Natur eindrangen und sie zerlegten. Jeder ihrer Namen schien das Loosungswort für die Seele jedes Naturkörpers. Mit schöpferischer Gewalt erregten diese Schwingungen alle Bilder der Welterscheinungen, und von ihnen konnte man mit Recht sagen, daß das Leben des Universums ein ewiges tausendstimmiges Gespräch sey; denn in ihrem Sprechen schienen alle Kräfte, alle Arten der Thätigkeit auf das Unbegreiflichste vereinigt zu seyn. Die Trümmer dieser Sprache, wenigstens alle Nachrichten von ihr, aufzusuchen, war ein Hauptzweck ihrer Reise gewesen, und der Ruf des Alterthums hatte sie auch nach Sais gezogen. Sie hofften hier von den erfahrnen Vorstehern des Tempelarchivs wichtige Nachrichten zu erhalten, und vielleicht in den großen Sammlungen aller Art selbst Aufschlüsse zu finden. Sie baten den Lehrer um die Erlaubniß, eine Nacht im

Tempel schlafen, und seinen Lehrstunden einige Tage beiwohnen zu dürfen. Sie erhielten was sie wünschten, und freuten sich innig, wie der Lehrer aus dem Schatze seiner Erfahrungen ihre Erzählungen mit mannichfaltigen Bemerkungen begleitete, und eine Reihe lehrreicher und anmuthiger Geschichten und Beschreibungen vor ihnen entwickelte. Endlich kam er auch auf das Geschäft seines Alters, den unterschiednen Natursinn in jungen Gemüthern zu erwecken, zu üben, zu schärfen, und ihn mit den andern Anlagen zu höheren Blüthen und Früchten zu verknüpfen.

Ein Verkündiger der Natur zu seyn, ist ein schönes und heiliges Amt, sagte der Lehrer. Nicht der bloße Umfang und Zusammenhang der Kenntnisse, nicht die Gabe, diese Kenntnisse leicht und rein an bekannte Begriffe und Erfahrungen anzuknüpfen, und die eigenthümlichen fremd klingenden Worte mit gewöhnlichen Ausdrücken zu vertauschen, selbst nicht die Geschicklichkeit einer reichen Einbildungskraft, die Naturerscheinungen in leicht faßliche und treffend beleuchtete Gemählde zu ordnen, die entweder durch den Reitz der Zusammenstellung und den Reichthum des Inhalts die Sinne spannen und befriedigen, oder den Geist durch eine tiefe Bedeutung entzücken, alles dies macht noch nicht das ächte Erforderniß eines Naturkündigers aus. Wem es um etwas anders zu thun ist, als um die Natur, dem ist es vielleicht genug, aber wer eine innige Sehnsucht nach der Natur spürt, wer in ihr alles sucht, und gleichsam ein empfindliches Werkzeug ihres geheimen Thuns ist, der wird nur den für seinen Lehrer und für den Vertrauten der Natur erkennen, der mit Andacht und Glauben von ihr spricht, dessen Reden die wunderbare, unnachahmliche Eindringlichkeit und Unzertrennlichkeit haben, durch die sich wahre Evangelia, wahre Eingebungen ankündigen. Die ursprünglich günstige Anlage eines solchen natürlichen Gemüths muß durch unablässigen Fleiß von Jugend auf, durch Einsamkeit und Stillschweigen, weil vieles Reden sich nicht mit der steten Aufmerksamkeit verträgt, die ein solcher anwenden muß, durch kindliches, bescheidnes Wesen und unermüdliche Geduld unterstützt und ausgebildet seyn. Die Zeit läßt sich nicht bestimmen, wie bald einer ihrer Geheimnisse theilhaftig wird. Manche Beglückte gelangten früher, manche erst im hohen Alter dazu. Ein wahrer Forscher wird nie alt, jeder ewige Trieb ist außer dem Gebiete der Lebenszeit, und je mehr die äußere Hülle verwittert, desto heller und glänzender und mächtiger wird der Kern. Auch haftet diese Gabe nicht an äußerer Schönheit, oder Kraft, oder Einsicht, oder irgend einem menschlichen Vorzug. In allen Ständen, unter jedem Alter und Geschlecht, in allen Zeitaltern und unter jedem Himmelsstriche hat es Menschen gegeben, die von der Natur zu ihren Lieblingen ausersehn und durch inneres Empfängniß beglückt waren. Oft schienen diese Menschen einfältiger und ungeschickter zu seyn, als Andere, und blieben ihr ganzes Leben hindurch in der Dunkelheit des großen Haufens. Es ist sogar als eine rechte Seltenheit zu achten, wenn man das wahre Naturverständniß bey großer Beredsamkeit, Klugheit, und einem prächtigen Betragen findet, da es gemeiniglich die einfachen Worte, den geraden Sinn, und ein schlichtes Wesen hervorbringt oder begleitet. In den Werkstätten der Handwerker und Künstler, und da, wo die Menschen in vielfältigem Umgang und Streit mit der Natur sind, als da ist beim Ackerbau, bey der Schiffahrt, bey der Viehzucht, bey den Erzgruben, und so bey vielen andern Gewerben, scheint die Entwickelung dieses Sinns am leichtesten und öftersten statt zu finden. Wenn jede Kunst in der Erkenntniß der Mittel, einen gesuchten Zweck zu erreichen, eine bestimmte Wirkung und Erscheinung hervorzubringen, und in der Fertigkeit, diese Mittel zu wählen und anzuwenden, besteht, so muß derjenige, der den innern Beruf fühlt, das Naturverständniß mehreren Menschen gemein zu machen, diese Anlage in den Menschen vorzüglich zu entwicklen, und zu pflegen, zuerst auf die natürlichen Anlässe dieser Entwicklung sorgfältig zu achten und die Grundzüge dieser Kunst der Natur abzulernen suchen. Mit Hülfe dieser erlangten Einsichten wird er sich ein System der Anwendung dieser Mittel bey jedem gegebenen Individuum, auf Versuche, Zergliederung und Vergleichung gegründet, bilden, sich dieses System bis zur andern Natur aneignen, und dann mit Enthusiasmus sein belohnendes Geschäft anfangen. Nur diesen wird man mit Recht einen Lehrer der Natur nennen können, da jeder andre bloße Naturalist nur zufällig und sympathetisch, wie ein Naturerzeugniß selbst, den Sinn für die Natur erwecken wird.

ZU LEBEN UND WERK
ZEITTAFEL
Novalis
(eig. Friedrich von Hardenberg)
1772–1801

Georg Philipp Friedrich von Hardenberg, aus altem Adel stammender Offiziers- und Beamtensohn, im kursächsischen Oberwiedenstedt in einer Familie von pietistischer Frömmigkeit als ältester Sohn von elf Kindern aufgewachsen, gilt als Person gemeinhin als Inbegriff des romantischen Dichters, sein Werk als Inbegriff der literarischen Romantik. Der mit nicht einmal 29 Jahren wohl an der Schwindsucht verstorbene Autor, der sich seit 1798 nach einem Vorfahren „Novalis“ (der „Neuland Bestellende“) nannte und den Brotberuf eines Salinen-Assessors ausübte, ist mit Sicherheit der bedeutendste Dichter der Frühromantik und zugleich einer der ersten modernen Dichter im engeren Sinn: Seine Intellektualisierung der Poesie wirkte auf Keats und Poe, auf Thomas Mann und Hofmannsthal, auf Broch und Benn; sie ruht auf der umfassenden und vielseitigen Bildung und dem Interesse, das Novalis den Naturwissenschaften, der Naturgeschichte und der Philosophie entgegenbrachte.
Sein schmales Werk, von dem zu Lebzeiten nur wenig in Zeitschriften veröffentlicht wurde, umfaßt mit Ausnahme des Dramas alle poetischen Gattungen. In den „Hymnen der Nacht“, dem einzigen umfangreicheren Werk, das bei Novalis' Tod gedruckt vorlag (1800), ist die Grundsituation das Erlebnis des Todes und die daraus resultierende Auferstehungsidee: Der Tod gilt als Pforte zu einem anderen, einem höheren Leben. Die „Geistlichen Lieder“ (gedruckt 1802) sind von der Religionsbegeisterung des frühromantischen Kreises getragen; einige von ihnen stehen noch heute in protestantischen Gesangsbüchern („Wenn ich ihn nur habe“).

Das Romanfragment „Die Lehrlinge zu Saïs“, ab 1798 entstanden und in zwei Bruchstücken überliefert, ist der dichterische Ertrag der naturphilosophischen und naturgeschichtlichen Studien des Autors. Zentrales Thema, das in vielen Bildern umschrieben ist, bildet das Verhältnis des Menschen zur Natur. Ziel einer nicht-rationalen Naturentschleierung, die nur dem Dichter und dem Liebenden möglich sei, ist die mysthische Verschmelzung mit der Natur, die ihrerseits wiederum zur Selbsterkenntnis des Menschen führt, wie Novalis in einem Distichon schreibt: „Einem gelang es – er hob den Schleier der Göttin zu Saïs – Aber was sah er? Er sah – Wunder des Wunders – sich selbst.“

Wie die „Lehrlinge“ ist auch der Roman „Heinrich von Ofterdingen“ (entstanden 1799/1800) Fragment geblieben. Er ist als romantisches Gegenbild zum klassischen „Wilhelm Meister“ von Goethe angelegt, den Novalis zunächst sehr gelobt, dann als „prosaisch“ gescholten hat. Wie im „Wilhelm Meister“ geht es um Erziehung, Bildung und Entwicklung eines Individuums. Wie dort geschieht das durch Erfahrungen, die durch Kontakte mit den verschiedensten Lebenssphären gemacht werden (Handel, Welt der Kreuzzüge, geschichtliche Welt). Doch anders als Goethes Roman, an dessen Schluß die sehr realistische tätige Einordnung des einzelnen in die Gesellschaft steht, plante Novalis in den nicht ausgeführten Teilen, die Grenze zwischen Realität und Traum aufzuheben, und am Ende sollte, so eine Notiz, die „goldene Zeit“ stehen. Erzählerisch schließt der romantische Roman alle Formen der Poesie ein und vermischt Erzählung mit Reflexion, Märchen und Gesang, Gedicht und Beschreibung – so auch der „Ofterdingen“, in dem jene blaue Blume beschrieben ist, die seither zum Symbol für die romantische Sehnsucht, ja für die romantische Bewegung insgesamt geworden ist.

Zeittafel zu Leben und Werk

1772 2. Mai Geburt als Georg Philipp Friedrich von Hardenberg in Oberwiederstedt bei Mansfeld. Vater: Heinrich Ulrich Erasmus von Hardenberg. Mutter: Auguste Bernhardine von Hardenberg, geb. von Bölzig. Ältere Schwester Caroline, geboren 1771.

1780 Schwere Ruhrerkrankung.

1783 Schwere körperliche und seelische Erkrankung der Mutter.

1785 Umzug der Familie nach Weißenfels.

1788 Erste Gedichte.

1780 Besuch des Luther-Gymnasiums in Eisleben. Immatrikulation an der Universität Jena. Philosophie- und Geschichtsvorlesungen u.a. bei Schiller.

1791 Bekanntschaft mit Schiller. „Klagen eines Jünglings“ (Gedicht) in der Zeitschrift „Neuer Teutscher Merkur“. Immatrikulation an der Universität Leipzig; Jura, Mathematik, Philosophie.

1792 Begegnung mit Friedrich Schlegel.

1793 Immatrikulation an der Universität Wittenberg.

1794 Juristisches Examen. Dienstantritt als Aktuarius beim Kreisamt in Tennstedt. Erste Begegnung mit der zwölfjährigen Sophie von Kühn.

1795 Inoffizielle Verlobung mit Sophie. Begegnung mit dem Philosophen Johann Gottlieb Fichte und Hölderlin in Jena. Erkrankung Sophies. Ernennung zum Akzessisten bei der Salinendirektion in Weißenfels.

1796 Kursus in Chemie in Langensalza.

1797 Tod Sophies. Begegnung mit August Wilhelm und Caroline Schlegel. Erste Begegnung mit dem Philosophen Friedrich Wilhelm Schelling. Beginn des Studiums an der Bergakademie in Freiberg, einem bedeutenden Zentrum zeitgenössischer Naturwissenschaften.

1798 Reisen nach Dresden und Siebeneichen. Mit August Wilhelm Schlegel bei Goethe in Weimar und bei Schiller in Jena. Erscheinen des ersten Heftes der Zeitschrift „Athenäum“ (herausgegeben von den Brüdern Schlegel) mit „Blütenstaub“ unter dem Pseudonym Novalis. „Blumen und Glauben und Liebe“ in den „Jahrbüchern der Preußischen Monarchie“. Beginn der naturwissenschaftlichen Studien. Arbeit an den „Lehrlingen zu Saïs“ Kuraufenthalt in Teplitz. Erste Begegnung mit Jean Paul. Verlobung mit Charlotte von Charpentier.

1799 Rückkehr nach Weißenfels. Protokollant bei der Inspektion der Salinen. Erste Begegnung mit Ludwig Tieck. Arbeit am „Heinrich von Ofterdingen“. „Romantikertreffen“ in Jena: die Brüder Schlegel, Tieck, Schelling. Ernennung zum Salinen-Assessor.

1800 Intensives Studium der Werke des Mystikers Jakob Böhme. Bewerbung um die Stelle eines Amtshauptmanns im Thüringischen Kreis. Geologische Untersuchung der Gegend zwischen Zeitz, Gera, Borna und Leipzig. „Hymnen an die Nacht“ im „Athenäum“. Verschlechterung des Gesundheitszustandes. Ernennung zum Supernumerar-Amtshauptmann.

1801 25. März Tod in Weißenfels. Begräbnis auf dem dortigen Friedhof.

1802 „Heinrich von Ofterdingen“. „Schriften“ (Teil 1 und 2; herausgegeben von Friedrich Schlegel und Ludwig Tieck).

1846 „Schriften“ (Teil 3; herausgegeben von Ludwig Tieck und Eduard von Bülow).